DOMINGO O JOGO

Cassia Cassitas

DOMINGO O JOGO

2a Edição

2013

Título Original: Domingo O Jogo

Capa: Allacriativa

http://cassiacassitas.com.br

ISBN: 978-85-915328-6-5

B120 – Teoria do Conhecimento

"O amor constrói pontes onde nada havia."

R.H. Delaney

Agradecimentos

A literatura é uma amiga maravilhosa. Fala quando queremos ouvir. Ensina incansavelmente tanto, a tantos.

Respeita o nosso tempo, sem se ofender com o esquecimento, repetindo as respostas para nossas perguntas quantas vezes forem necessárias. Valendo-se das mesmas palavras, assume conotações diferentes em arranjos inusitados de elementos já tão conhecidos, ajudando-nos a escrever, em nossas vidas, desdobramentos mais adequados.

Meus agradecimentos a toda minha família, que me ouviu em todos os momentos, com todas as palavras que eu quis utilizar.

E a todos os autores de obras que me apresentaram mundos diversos, vidas viáveis. Outra dimensão de possibilidades de expressão e ação.

Obrigada.

Prefácio

Aqueles que passam por nós, não vão sós, não nos deixam sós, deixam um pouco de si, levam um pouco de nós.

Antoine de Saint-Exupéry

Domingo, o jogo é um convite à aventura: um jogo estratégico que se desenrola num domingo, em todos os domingos, onde o leitor é o personagem principal e seu próprio estrategista. Na leitura, se desenvolvem as artimanhas. Dilemas e conflitos são enfrentados e é o leitor quem sai vitorioso. Com este aprendizado lúdico se dá conta de seu tempo, de seu espaço e de seu lugar no mundo.

Neste mundo globalizado, pós-moderno e mecanicista, repleto de novidades tecnológicas, as pessoas se envolvem com elas de tal maneira que passam a viver de forma automática, reproduzindo padrões sem saber por que. Sem refletir e sem pensar: viver para quê?

Domingo o Jogo é o entendimento poético-filosófico do quanto a nossa cultura valoriza, frequentemente em excesso, o individualismo e a competição, sem dar-se o tempo de resgatar os valores familiares e seus significantes comportamentais.

Neste livro único, Cassia Cassitas apresenta sua teoria do conhecimento humano, fundamentada nas relações entre o indivíduo e sua família a partir de um tabuleiro dinâmico de peças cujo movimento se desenrola no dia livre, o dia universal da reflexão, do despertar ao anoitecer. Um jogo carregado de metáforas.

A cada leitura, um novo jogo, um novo pacote de esperanças, onde cada um poderá refazer sua trajetória, conquistar novas vitórias e somar mais pontos.

É possível percorrer este livro pelo simples prazer de ler, ou de jogar, reforçando no decorrer da leitura a autoestima, o compartilhar, o desenvolvimento de competências, a união, a confiança. Contudo, como já disse Paulo Freire: *"O homem não aprende apenas com sua inteligência, mas com seu corpo e suas vísceras, sua sensibilidade e imaginação."* O leitor, então, é convidado a vivenciar e compreender, pois, jogando, está simulando situações que lhe despertam valiosos *insights*.

Cada um, ao se envolver no jogo, o analisa criticamente e extrai dele algum tipo de resultado para a sua vida prática, caso em que podemos afirmar, no linguajar rogeriano (Carl Rogers), que ocorreu uma "aprendizagem vivencial", que tem como especificidade ser "plena de sentido".

A cada leitura, um novo jogo, um novo pacote de

esperanças, onde cada um poderá refazer sua trajetória, conquistar novas vitórias e somar mais pontos.

A cada página, Domingo, o jogo traz vasta gama de possibilidades, revolucionando a existência de quem a ele se entrega de corpo e alma.

Henrique Chagas
Escritor e editor do Portal Verdes Trigos
http://verdestrigos.org

Sumário

Parte I

O jogador, a estratégia e o resultado

Introdução

O jogo, o domingo, o almoço e a família são os pilares deste livro.

Milhares de vidas atrelaram sua trajetória a jogos. O desenho de um tabuleiro, que lembra o jogo da velha, foi encontrado em cavernas pré-históricas em *Warscheueck*, na Áustria e em uma caverna de *Fontainebleau*, na França. O ser humano é fascinado pelo jogo. Pela disputa. Pelo binômio "vitória e derrota". Ao mesmo tempo em que deseja vencer, aprecia assistir à derrocada. Alheia.

É disto que trata este livro. Um jogo, repleto de estratégias, com o intuito único da vitória. Sua leitura é um convite para participar da competição, executando os lances que determinarão os resultados.

Todos são jogadores. Mas você, leitor, é o personagem principal, o jogador favorito, para quem todas as artimanhas serão esmiuçadas. Você será treinado para o sucesso, será o capitão do time, o dono do tabuleiro.

O personagem principal, será orientado na configuração das partidas, que podem ser individuais ou coletivas, sem limite de participantes. Neste jogo, há lugar para homens, mulheres, medos, ideologias, certezas e revoluções. Tudo pode acontecer.

O domingo é o símbolo do tempo livre, sem agenda, sem obrigatoriedades. Traz à tona o sentimento de liberdade, e à mente, o descanso do guerreiro e suas escolhas; atividades prazerosas. No jogo da vida, é o tabuleiro que se tem, ou que se quer.

Na liberdade do domingo, o sonho abre espaço e desenha o cenário da batalha. Se o desejado não condiz com a realidade, o que importa? A construção começa no pensamento. Tudo nasce de estratégias individuais e evolui para o contexto coletivo. Alguns bichos secretos — até então trancafiados — e amores nem sempre conhecidos correm pelo tabuleiro, construindo o mundo, articulando situações.

Mas não são as situações que determinam os passos dos jogadores. Ao contrário: são eles que as determinarão, e isso faz toda a diferença. Jogar, assumindo o comando de seu domingo, exige sangue nas veias. É para as mulheres que soltam os cabelos e os homens que olham nos olhos, pois o personagem principal desperta para a consciência de que o jogo e a vida seguem para frente. Sem volta, pois num momento o almoço já passou, já foi.

O almoço é a partida. A batalha. O embate. O momento do abastecimento e da marcação de território. O suprimento das necessidades e o transbordamento da alma. Os cinco sentidos. Os nutrientes que precisamos para sobreviver e as armas que temos para lutar, com saúde, ânimo e, se possível, prazer.

São várias as etapas em que temos oportunidades de conviver com a diferença, expandir nossa capacidade de observação e agir, ora transformando, ora aceitando. Só os grandes sabem o tempo de suportar, superar e transformar e, ao final, conseguir abençoar e ter o que celebrar.

Logo, todos se vão. Tudo se torna fato consumado. As possibilidades se tornam passado. O presente está no espelho. O futuro, só na próxima rodada.

A família são as raízes. Ela traz à vida, é a vida. Uma sabedoria muito maior que a humana colocou na família de cada jogador o necessário para seu desenvolvimento, sua aprendizagem. A nossa família. Famílias consanguíneas, contratuais, solitárias, unidas por um interesse em comum. A família que temos, a que desejamos, a que um dia tivemos, se insinua por todos os cantos. Está nos filmes, nas ruas, na panificadora, nos parques, nas igrejas, nos livros. É impossível ignorá-la.

Especialmente aos domingos. E, com ela, todos os sentimentos que nos invadem ao mero contato com a palavra que a descreve. Suas marcas estão na pele, no jeito de andar e sentar, de segurar os talheres e até de fugir. É como se deslizasse pela alma, escorresse pela pele em busca de outras pupilas, outros olhos, dispostos a olhar para a revelação ambulante de nosso personagem. Que a cada lance grita suas verdades. Chama pelo amor. Busca sua realização.

Os momentos de maior alegria ou tristeza são compartilhados em família.

Todas as famílias são normais. Nelas, estão os mais significativos exemplos de comportamento, do que fazer e do que não. Nela, os maiores amores, e também os maiores problemas e dores. Passam por ela todas as pausas e retomadas, os maiores enganos e os maiores acertos.

Há momentos em que todo o lixo, carregado nos bolsos e no peito, é jogado na calçada para quem o quiser. São nossas rações diárias de vida, a matéria de que somos feitos e que até aqui nos sustentou. Gostemos delas ou não, tais coisas são carregadas até o dia em que resolvemos olhar para cada uma delas. Ali estão preciosidades, mimos e bobagens. Para quem passa, é possível enxergar a diversidade e perceber que podemos desmentir o mundo, redesenhar nossa imagem. E escolher algo diferente.

Através das cicatrizes de dores causadas ou sofridas, adquirimos uma visão de mundo mais permissiva, desenvolvemos uma capacidade de aceitação da imperfeição, a própria e a alheia. Surge uma insuportável necessidade de ação, que explode em urgência de movimento. Ou em doenças, se não é exercida nem manifestada. Agir e respirar. Só assim conseguimos sobreviver.

Nos acertos, podemos constatar como é poderoso o efeito da ação, como é importante participar, falar e fazer. Com amor e reflexão, antes, durante e depois. Sentir o poder fluindo nas palavras, aquecendo as mãos, exaurindo os músculos na luta.

Nossa família e seus comportamentos. Esses grandes exemplos, disponíveis nas situações mais simples, moldam nossa postura na vida. Podem influenciar o peso e a retórica, embora nem sempre alterem a pressão sanguínea, nos tornando ativos ou altivos. Mais do que isso, porém, são fundamentais em todas as nossas respostas, na aceitação e negação das oportunidades que nos abordam todos os dias, a todo instante.

Abençoar estes personagens, por nos terem dado o que tinham a oferecer, é o ponto de partida para a verdadeira busca do que queremos, do que podemos ser. O objetivo do treinamento é fazer com que o nosso personagem esteja pronto, incitando o jogador a se posicionar.

Estar pronto.

Quando olhamos para os anos vividos, há tanto que aprender e evitar, para repetir, celebrar. Desafios se tornaram histórias, façanhas impensadas que só aconteceram porque não estávamos pensando, não tanto quanto sonhávamos. Naquele momento, simplesmente acreditamos.

Quando voltamos os olhos para os mais jovens, nascidos em outro mundo, em outra época, outra posição, detectamos caminhos que se abriram enquanto vivíamos. Apesar de todo o empenho e descobertas, não conquistamos toda imensidão do desconhecido. Em algum momento, cruzaremos com o inesperado sacudindo certezas, criando realidades, e seus desdobramentos nos acenarão com novas oportunidades. Ainda estamos no jogo.

É a sua trajetória, leitor, que este livro enfatiza. O jogador que teve acesso às informações montou estratégias, aprimorou a percepção; delineou uma vida em atividade, focando em si próprio as decisões. Mas, cuidado: manter a individualidade não significa permanecer só. Nossas partes se multiplicam em filhos, obras e amigos, que carregam porções de nossa existência. São pedaços de nós nos demais jogadores, raízes cuja seiva nós sentimos circular, pois são desdobramentos do que fomos, sonhamos e fizemos. Por isso, agora é a vez de todos nós.

A vez de contribuir para que outros estejam prontos. Para dizer sim ou não, e aproveitar o resultado. Celebrar, amar e trabalhar. Trabalhar muito, pois a vida é um instante e o ser humano é infinito.

Algumas vidas se justificam num só instante, numa atitude adotada em uma situação corriqueira: educando um filho; produzindo relatórios; cozinhando para o outro; caminhando.

Uma obra, de qualquer natureza, só vale a pena se fizer brotar um pensamento que nos ajude a ser mais inteiros, plenos, prontos para a felicidade. É disso que é feito o bom jogo, e para isso existem os treinadores: a família.

Redesenhe seu retrato. Descubra os seus tesouros. Recupere as suas habilidades. Abrace a família e abençoe a todos. Que seja bom o seu jogo.

Lances

A cada nascimento, surge um novo jogador: um pacote de esperança. Estamos todos predestinados a viver, enxergando o apaixonante jogo do mundo, alguns ainda jovens, outros mais tarde.

Descobrir que os sonhos nada mais são do que possibilidades é a grande revolução de uma existência: pegar os dados e lançá-los, racional ou impulsivamente. Aí está a estratégia. Como realizar o que, em algum lugar, já existe, já foi sonhado? Assumindo nossa natureza, de jogador que quer algo mais.

O jogador é a pessoa que atravessa a rua e passa o bastão da ação, ora para um jovem, ora para um velho. É ele quem escolhe a audácia, a confiança e inexperiência do jovem. Ou, por outro lado, o conhecimento, a certeza e o cansaço do velho. Nossa porção madura está sempre pronta para pegar o bastão, e é quem assume o rumo dos acontecimentos, com seu conhecimento, suas crenças e toda a bagagem acumulada pelo caminho.

Entretanto, um jovem pode saltar da infância, tomar impulsivamente as rédeas do momento e transgredir a ordem estabelecida no seu mundo: é a porção criança do jogador, que não desistiu. Como se desconhecesse as consequências do insucesso, não se paralisa diante do perigo.

O jogador precisa de ambos para atravessar suas ruas. Às vezes a criança não chega, em outras tantas, o velho se atrasa. Por isso, para que a criança sobreviva até o final do jogo e sua porção madura tenha forças, determinação e oportunidade para aplicar o que aprendeu, é fundamental prover o jogador de todos os nutrientes. E combiná-los é um ato que requer sabedoria.

Conhecimento, treinamento e respeito, fundidos e ungidos pela capacidade de empatia, de colocar-se na posição alheia, sentir o que o outro sente, ver o que ele vê, entender seu processo de decisão. Disso é feita a sabedoria do personagem que livro e leitor, juntos, irão construir.

Por vários domingos você acordará em estados de espírito diferentes, em fases distintas de sua vida, e receberá o treinamento necessário para utilizar aquele estado das coisas a seu favor. Não espere respostas prontas, apenas oportunidades e perspectivas. Assim se faz um vencedor.

O sonho é a meta, a razão da jornada, o objetivo final. É o prêmio que o jogador almeja alcançar ao final da partida: o cheiro de vitória, o sabor da consagração. É a própria essência de cada um. Por mais brilhante e colorido que se apresente, jamais o sonho de outro há de lhe satisfazer tanto quanto a concretização do desejo enraizado em suas lembranças, alicerçado na sua educação, instigado por suas necessidades ainda não supridas. Concentre-se em seu sonho. Defina-o. Dê-lhe tempo e atenção pois ele pertence a você, o personagem principal.

Neste jogo, tudo lhe pertence. Cabe a você a configuração do tabuleiro, determinar a abrangência da família e estabelecer limites. Decidir as presenças e os acontecimentos. Estabelecer para os demais jogadores, membros de sua família, a postura que mais lhe agradar. Estática, sem reações. Dinâmica, interferindo no rumo dos fatos. Ou passiva, apenas respondendo aos lances do jogador principal.

Quem vem para a partida? Aquele pai, cuja voz dispensa palavras. Ali está seu tom, tudo o que tem a dizer. As palavras não o tornam mais claro. Uma mãe úmida, que nos envolve com os olhos. Agiganta nossos sentimentos quando nos empresta a atenção de suas pupilas. E os filhos? Quantos são? Reconhecem-nos como sua fortaleza e partem para o mundo, mas sempre voltam. Há irmãos? Os que conhecem as sutilezas da competição? Há os avós, que vêm e vão. Às vezes, primos e tios. As tias são as melhores.

Todos dão suas tacadas. Bem ou mal, um dia também acordaram cheios de sonhos, fizeram seus planos. São jogadores com estratégias próprias. Muito cedo, tomaram posse do lugar que ocupam em nossas vidas e não saíram mais de lá. Movimentam-se de acordo com a sua natureza, seus valores e ideias. São fiéis ao que são; eis a única maneira de caminhar, de segurar o leme e comandar o próprio rumo: determinando o próprio passo.

No jogo deles, não somos o jogador favorito, o personagem principal. Por isso, se constituem em nossos mestres na arte de vencer. Alguns, peritos no ofício de suportar, outros, no de determinar. Há os que continuam buscando sabe-se lá o quê, numa guerra que parece não ter fim. Batalha após batalha. São todos guerreiros.

Todas as lições são preciosas para nos manter no sonho que, acordados, pretendemos construir. E ganhar a guerra.

A posição de coadjuvante nas rodadas alheias nos prepara para assumir o nosso jogo, aguçando os sentidos diante de novas oportunidades. Para encará-las assertivamente, é crucial a observação do contexto, do ambiente e do posicionamento do jogador que a formula. Conhecer seu mundo, suas ideias e então chegar à resposta. Esse é o lance. Como vivenciá-lo é a estratégia.

Estratégia é raciocínio, observação, uma ação calculada para gerar fatos. Não se desenvolvem estratégias com flores, mas sim com tijolos e cimento, a cada bloco colocado, encaixado e organizado para atingir o objetivo. Durante a narrativa dos episódios, você é convidado a estabelecer as suas próprias.

No tabuleiro, vitórias e fracassos se sucedem, misturam-se às próprias dúvidas e produzem transformações. Por vezes, guerras são travadas no seu interior. O sono dói. Há tamanha gana de vitória que a própria garra corrói seu peito, o arranca de seu estado de conforto e o lança em outra perspectiva, outro contexto. Quando isso ocorre, normalmente o significado dos resultados fixados é alterado. A importância daquele desejo é questionada e redimensionada.

Às vezes, nada, quase nada parece estar sendo feito. Simplesmente, seguimos o traçado inicial, as mesmas certezas, os mesmos valores, os mesmos ideais. Mesmo assim, entre desafios e gestos aparentemente repetidos, o jogo segue seu curso e vai transformando o modo de ser e viver dos participantes, inconscientes das mudanças.

Entretanto, se você estiver pronto, será capaz de identificar esses momentos e readequar suas estratégias. Remexerá em sua mochila e a aperfeiçoará. Na bagagem do sucesso não há lugar para adornos. Há sinceridade e transparência, principalmente internas: é esse o material que o jogador principal arregimentará durante o seu treinamento.

O grande desafio está em jogar para maximizar, minimizar e transformar. Se forem feitas as combinações corretas, você conquistará o que quiser. Jogar é estar vivo, e em movimento. Considerar os passos de todos os participantes e caminhar novamente.

Mas o livro também tem suas estratégias. Para chegar à etapa seguinte, com todo o arsenal necessário, ao final de cada episódio descrito há resultados a serem apanhados e colocados na bagagem. Outros devem ser liberados e descartados pelo caminho.

São artimanhas utilizadas para despertar porções adormecidas, ferramentas para explorar as cavernas escuras que esperam por luz. Mesmices cotidianas que, de tão presentes, se tornaram imperceptíveis, mas existem e interferem nos fatos.

Todos os elementos listados como resultados precisam ser compreendidos: nisso consiste o treinamento dos sentidos para a batalha do almoço. É o que se entende por estar pronto.

Quando a ênfase da narrativa for o treinamento, você receberá as instruções. Estará sendo elaborado um estado de espírito, o trabalho de construção de um vencedor. Da mesma forma, quando você acordar, a narrativa dará espaço a fatos, lembranças, sentimentos. Na primeira pessoa do singular: é você que sente, lembra e faz.

O escore final será determinado pela combinação de todas as respostas. Foco. Objetivo. Resultado. Estabeleça um para si e leia o livro buscando atingi-lo, como se estivesse se armando para o trabalho do dia a dia com ideias, desejos, emoções e ações planejadas para não escorregar em compromissos na esquina e envolver-se em modismos. E então fazer o mundo.

Parte II

O treinamento de um campeão

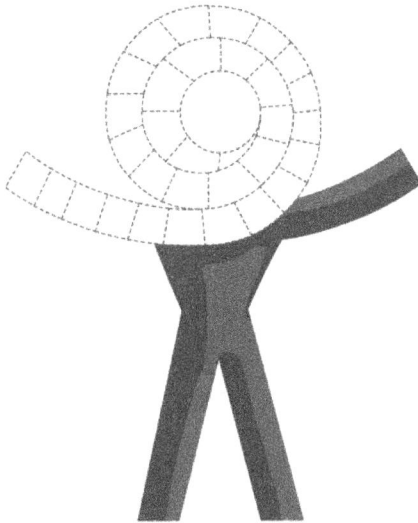

Antes de Acordar

Todo campeão inicia sua vitória numa conversa sincera com o espelho. Neste domingo, você vai despertar e se olhar no espelho. Examinar seus cabelos, sua pele e seus dedos.

Quando estiver preparado, vai olhar-se nos olhos e se perguntar:

O que você quer?

Cada jogador está muito à frente dos demais em alguns aspectos, pois é realmente bom naquilo, está pronto. Quais são as suas habilidades? Como pode usá-las para realizar o que realmente deseja?

O que você está fazendo?

Todos os cuidados que você precisa tomar são lembrados pelo próprio medo. Em algum lugar, no seu íntimo, a resposta espera para ser ouvida.

O que você teme?

Cuidadosamente, você deve acordar e liberar seus

temores. Um a um. Passo a passo.

Vamos, acorde. É a sua vez. Seus treinadores o esperam para o almoço.

O despertar

Obrigada por me ouvir. Gosto tanto de falar. Às vezes, é tudo o que quero. Transbordar as coisas que estão na minha cabeça e na minha garganta. Ideias, constatações, questionamentos, tudo pronto para sair correndo. Essa tal vida interior também tem seus picos e, de acordo com o alimento ingerido, o livro que leio, ou a festa a que vou, a produção é intensa. Basta às vezes um comentário, um gesto, uma nota no jornal, uma música. Qualquer coisa. Acelero por dentro.

Há muita luz. Raios coloridos. A luz escorre, escapa ao controle, ultrapassa o espaço que quero lhe dar e avança pelos ouvidos. Quando me dou conta, está nas minhas palavras. Será que isso acontece com todo mundo?

A luz, essa energia, tem seu fluxo, é determinada. Segue por onde quer, fazendo e acontecendo sem pedir licença. Sinto-me peça, mais uma parte em seu trajeto. E o intrigante é que assumir essa propriedade significa perder.

Funciona como se o domínio da irreverência tivesse estado sempre comigo, mas se o assumo, se o exerço e a aprisiono, ela se apaga. Ao mesmo tempo em que se submete ao controle daquilo que falo, ouço, ou faço, deixa de brilhar. Submissa, continua presente. Como sombra, fosca e dúbia, se transforma em dúvida.

Essa luz movimenta, aquece e agita. Dá vontade e coragem. Tenho ímpetos de cantar, correr, girar, voar, acontecer. Minha alma quer dançar. Como se houvesse um holofote posicionado para a minha essência mais íntima: poder.

Poderoso é estar vivo. Vida é poder. Ter vontades. Ser senhor do próprio tempo. Onde estou, terei tomado posse dele? O que fazer com a parte dele que me cabe? Será que todos se fazem esse questionamento?

Li certa vez que perguntaram a Santo Agostinho o que fazia Deus com seu tempo antes da criação. Sua resposta foi simples: Deus criou o tempo. Em seus estudos, baseado em suas inquisições sobre a vida, Santo Agostinho defendia não apenas que o tempo era parte da criação, mas também que é finito: teve seu início e terá fim. Devo esperar o meu se esvair nessa sonolência?

Tais clarões me fazem estremecer, e nestes momentos, me lembro da chuva. O raio anuncia, prepara o trovão. Será que vem chegando uma tempestade na minha vida?

Os dias de tormenta congregam estrondo e luz. A luz se espalha, e enquanto hipnotiza, ocorre o ruído, estremecendo certezas. Como se agarrar ao que desmoronou, deixou de ser? Acho que sou do barulho.

Depois da tempestade, o arco-íris, o sol, a luz novamente, entrando pela janela, desenhando o dia e insistindo em me acordar. Podemos sempre redesenhar o querer, dizem. Sonhar de novo... Sonhar o novo, o mesmo sonho de uma forma nova. E esquecer a ideia de reivindicar propriedade.

Mas essa luz é minha, é sua, é do mundo que não me deixa dormir. Iluminou a bagunça, me chama para vida. Até no domingo?

Quer-me no poder e me incita a escolhas, objetivos; estratégias e resultados que desejo para mim. Flui e me envolve, para manter o foco iluminado, delineado, abençoado.

A construção começou.

Vou me levantar. Vou almoçar.

•••

luz
sombra
tempestade

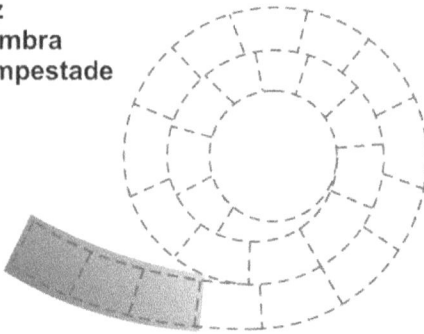

idade do jogador

Sempre vale a pena acender a luz e iluminar, pois há muito a perder quando as respostas não são claras nem objetivas. Possíveis desconexões entre partes que parecem não se encaixar se devem mais à própria omissão em frente ao espelho do que à atuação dos treinadores. As respostas estão ali.

Quando se conhece a verdadeira situação, é possível controlar o destino, sobreviver às tempestades e iluminar o foco. Seguir na luz.

A Consciência da Vida

É preciso que você observe, tome conhecimento da realidade que o cerca; que se prepare para conviver com as opções alheias.

A diversidade é um fato. Da diferença entre as pessoas, nascem as grandes vitórias. Supor que deve ser combatida é perder metade da história. É como aplanar o terreno, derrubar as árvores e reduzir tudo a grama.

À família que nos treina cabem escolhas difíceis. E levá-las adiante, descobrindo e investindo onde é maior o retorno, ora descobrindo talentos, ora preenchendo lacunas. Detectando e eliminando o desperdício de energia em todos os aspectos, se concentrando em habilidades, impedindo que dificuldades danosas causem infiltrações no espírito.

Assim se constrói um vencedor: desenvolvendo seus olhos, ouvidos e capacidade de discernimento. Num mundo menos conhecido, o crescimento natural, quase vegetativo, poderia ser suficiente. Mas com a globalização e a digitalização da vida, esqueça. Hoje é preciso caminhar, ir ao encontro.

Como um grão de areia

Já é de manhã. O sol está claro. Preciso acordar. Abrir os olhos e me levantar. A casa está em silêncio. A mesa não está arrumada. Não há cheiro de café. As roupas estão onde as deixei antes de dormir. Lá fora, o mundo seguiu, o dia está pronto. Só eu parei. Tudo sou eu. Em todos os cantos, as marcas são minhas, meus traços e segredos parados, espalhados pela casa. Num mundo só meu.

Estou só e preciso aprender. Aprender, aprender, aprender. Será esta a parte que me cabe nesta vida? Levantar-me da cama, erguer a alma. Abrir os olhos, a mente, a janela, a cafeteira.

Ver os grãos se dissolverem e o aroma do café preencher o ar. Ouvir os pensamentos e respirar. Buscar na gaveta o que guardei, o que um dia julguei importar. Esfregar os olhos; absorver o que o dia introduz. Arrumar a mesa e trocar as marcas de lugar. Redesenhar os traços e movimentar segredos, como se fossem grãos de areia no deserto da humanidade.

Preciso aprender a ser grão, a vislumbrar outros grãos. Como um homem junto a outros homens para construir castelos. Olhar, me integrar. Dar as mãos. Ligar. Respirar o mar. Absorver. Tocar e sentir. Permitir-me escolher a forma. Diante da diferença e até da indiferença, preservar a identidade.

Molhar. Levar. Ficar. Mudar.

Moldar meu destino em cada detalhe do dia. Ser ferrugem, soltar grilhões. E, apesar de tudo, enterrar as conchas com delicadeza. Sem ferir. Na dor, ser pérola. Levantar-me ao sol que aquece e derrete, queima e adere. Um grão ao solo. Único. Absoluto.

Aprender a ser areia. Voar com o vento, fazendo o trajeto do meu mundo. Voar no meu rumo, para a parte do mundo que me compete e me atrai. Que eu aceito, escolho como real. Saciar o desejo e abrir os olhos. Fixar raízes. Ser concreta. Levantar a casa. E etérea o suficiente para não perder o vento. Voar novamente.

Um grão de areia é tão pequeno. Gosto de gente pequena. De gente velha, de gente grande, de gente sem grupo, que pensa estar só. E se solta no chão e só vê o deserto. Gente que se esquece de abrir os olhos, ver a imensidão por todos os lados. Gente levada para o lado, porque escolhe ser solta. Avulsa. Ardente.

Deserto e calor. Um tipo de gente que esconde no silêncio o conhecimento, calando os pensamentos até que vaze a intenção. Um ser humano, limpo e inteiro crescendo rumo à imensidão, quando abre os braços e a mente agarrando o vento num abraço de euforia.

Profunda. Imensa. Areia. Quero o alarde, o palco, a plateia. Viver para ser deserto? Vou respirar o rumo. Ser só e inteira para chegar à praia. Desaparecer, deixando de si um sopro. Passei e fui sombra. Ou brisa. Eu.

A cada onda, absorver o mar. A cada vento, deixar-se enlaçar pela vida. Incorporar no silêncio os caminhos que vão e os caminhos que vêm. Abrir os olhos e olhar, por uma fração de segundo. Para as marcas, os objetos na gaveta, a mesa vazia. Para as ondas, a praia, as conchas, a areia. Para o muro, casa, pão. Deserto, céu, montanhas. E os grãos de areia, meus iguais.

Resgatar meu rumo, é este o meu trunfo. Sinto muito fundo. Com tamanha intensidade, receber o mundo e conhecer o amor. Descobrir-me. Arrumar os armários, e só depois, me deixar explorar.

Definir meu tom. Conviver com verdades que desconhecem a luz. Buscar respostas para as minhas questões. Abrir gavetas para falar. Sem julgar. Aceitar o tempo, o humor, o tumor. Aprender a ser. Eu no mundo, que me provoca e invoca. Coexistir.

Sem pressa de produzir ou brilhar, nem dor pela ideia que passou, pela ação que não se materializou. Pelo que caberá a outra era concretizar. Viver. Edificar. Hoje, vou ser feliz.

•••

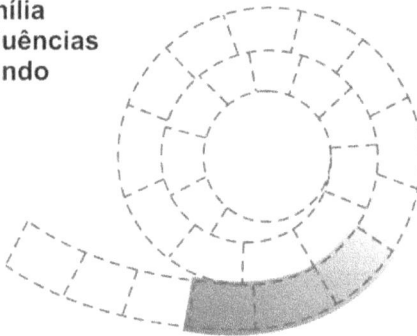

família
influências
mundo

lugar no mundo

Ver a vida além das próprias veias. Falar de maneira aberta, argumentar e debater. Fazer com que as coisas aconteçam, segundo a sua visão. Afinal, é você o proprietário do tabuleiro.

Mas divergência não é uma invenção. É aprendida em casa, na rua, na escola, na infância. Algumas posturas e qualidades causam admiração, outras repulsa. E aí está o ponto: sempre se pode dar o próximo passo, encarar o que se vê e desenvolver o que se admira. Ou então, condenar-se a se sentir inapto. Isolar-se. Negar a si próprio a próxima jornada.

É preciso viver e lembrar como fazem as crianças. Se não se sobressaem em algo, logo descobrem outros interesses, coisas de que gostem e das quais sejam capazes. Pegam sua individualidade e exploram com ela o mundo ao redor. Tornam-se areia, nela se enroscam e se sujam, deixam entrar outros grãos. Marcando seu tempo com palavras e cenas, escrevem na alma o caminho da autorrealização.

Infância

Muito cedo, nós aprendemos como atuam os líderes. Nas corriqueiras situações da infância, desde segurar os talheres até o motivo de o céu ser azul, você os descobre.

Há os treinadores incansáveis: pessoas que usam todos os seus encontros para avaliar e reforçar valores. Buscam construir a autoconfiança de todos. Agem com franqueza e transparência. São feitos disso. Parecem sempre dar o exemplo, assumir os riscos.

Outros demonstram coragem de se relacionar com pessoas mais preparadas, que os fazem se sentir como os menores da sala, mesmo quando todos os veem como os mais brilhantes. Sabem que, caso agissem como se tivessem todas as palavras, todos os fatos e todas as conclusões estariam desperdiçando elementos necessários para alicerçar o sucesso dos demais jogadores. São treinadores em treinamento.

O brilho da liderança está em fazer brotar a grandeza nos demais. Em suas ações, em suas emoções, personalidades vitoriosas. Lançando mão das diferenças com linguagens inesperadas, determinar a energia ao seu redor e distribuir pontos de partida, tornando claras as cores disponíveis e os rumos a seguir, infligindo ao clima o tom da persuasão. A cor dos argumentos. Um sentimento de verdadeiro arrebatamento.

As Jabuticabas do Vizinho

De joelhos na cama para abrir a janela, enquanto a manhã vai vazando em luz amarela, constato que é hoje. Eles já começaram. É hoje o dia. Posso ver o agora. O momento chegou.

Adoro esse dia. Vou sentar-me lá fora e tomar banho de ouro. O quintal é vermelho. Minhas pernas são finas. Entre tantas lembranças, esta me transporta aos meus oito anos. Adoro acordar criança. Será que eles vão demorar?

Visto-me com meias listradas, uma importância toda azul e laranja, e pego os meus lápis de cor. Disfarçadamente, me sento no degrau da porta brincando de fazer alguma coisa, só para dar umas olhadinhas. Estão em quantos? Três. Normalmente são os três. São mansinhos, quietos, de um silêncio quase bege. Até suas risadinhas são baixas. E seus cabelos, discretos e escuros como as jabuticabas que colhem. Não usam topetes.

Percebo que são raios: gostam do que estão fazendo, e por isso brilham. Nunca se deram conta, mas eu cantarolava o tempo todo.

Passam a manhã toda lá. O tempo vai passando. Chega o horário do almoço e temos que esperar até à tarde. O tempo é deles, não têm pressa. Seguem num ritmo colorido, poroso, leve. Movimentam-se como seiva na vida, tal qual na árvore, com satisfação.

Vou e volto me ocupando de qualquer coisa. Já encheram três baldes. Na minha ansiedade, olho para cima. E vejo aquele céu enorme, todo azul, me dizendo de cima para esperar, não ter pressa. Ser criança e não ter pressa? Será que sobra jabuticaba pra nós?

Sempre sobra. Temos um acordo mudo, o primeiro do qual me lembro. Quase nunca nos falamos. Nesse dia do ano, nos pedem a tigela cor-de-rosa e a devolvem cheia de jabuticabas. Sabe que eu nunca observei se há jabuticabas à venda? Para mim, sempre foram sinônimo dos vizinhos, desse dia verde, da explicação sobre propriedade, direitos, respeito, solidariedade. Afinal, a jabuticabeira é deles.

Mas somos crianças. Para nós, as regras são diferenciadas. As razões, os valores, os pudores. Os galhos avançam em nosso quintal. São do tronco marrom que está no quintal deles. Às vezes é tão fácil, é só esticar o braço e colher uma jabuticaba roxa, mas nunca fiz isso. O tronco foi sempre imperativo, determinando a distância. O muro e o musgo das trepadeiras estabelecem o pacto, e todos nós o respeitamos. A posse é tranquila, jamais foi perturbada.

Se não nos deixassem provar a tigela, talvez eu tivesse opinião diferente sobre esse assunto nebuloso. Mas nunca segregaram a colheita, nem se classificaram como únicos merecedores. Sempre distribuíram uma parte suficiente para nos satisfazer, nos sentirmos agradecidos. Ali, naquele quintal, aprendi o sabor e as cores do que era certo e do que era errado. A distância entre querer e dever.

Até hoje tenho dúvidas se poderiam as jabuticabas compradas serem tão saborosas como aquelas ganhadas. Eu adorava aqueles dias.

No quintal, eles têm outras frutas. Eu também. Mas os demais galhos verdes não avançam para o nosso quintal. Em minha mente, ficava clara a divisão entre as frutas coloridas, cultivadas do lado de lá, e a jabuticaba escurinha, meio púrpura, meio preta, tão desejada. Nunca ganhamos tigelas com as demais frutas. Nunca as desejei. Seria por não as vermos crescer?

Devia ser muito bom permanecer lá em cima, pois

passavam horas e horas nesse ritual, e a satisfação era visível. Não se preocupavam com o passar do dia, agora já menos prateado. Colhiam, brincavam, comiam. Será que um dia, ao menos, pensaram em nos convidar para subir, tocar o verde?

Na realidade, hoje sei: alguns sobem, enquanto muitos ficam querendo subir. Há até estudos sobre isso. E demonstram, com muitas palavras e cores, que todos podem: os que não sobem o fazem por opção. Não há convites, há iniciativas. Eles entendem o marrom.

Também podemos sair da nossa transparência e subir. Afinal, os galhos estão do nosso lado. Os cachos balançam em nosso quintal. O aroma não é deles, é do vento, que, sapeca, o libertou; e por descuido, derrubou as bolinhas no chão.

Para quebrar o pacto não pronunciado, no entanto, seria necessário assumir os resultados. Poderiam gostar da nossa aproximação, permitir e até compartilhar as risadinhas nos galhos que reivindicamos. Ou não: poderiam simplesmente podá-los, sem implorar nem sorrir. Quem se arriscaria a patinar no muro e alterar o rumo?

Eles realmente entendem de jabuticaba, a árvore forradinha. Como são doces. Há dias em que parece plantada em mim, cada cacho. E mesmo parecendo tudo pronto, observavam a cor. Eles aprenderam a identificar forma, tamanho, textura, adivinhar o momento e tomar a decisão. Pelo gesto, pensamento, e tudo o mais. O que assisto agora é só movimento numa colheita abundante e de qualidade. Sabiam agir, tinham essa habilidade.

Tudo isso é tão bom. Perceber o dia, sentir o momento, ficar esperando, observar discreta. Pequenas coisas que em mim se calaram como raiz, fosse eu mais uma bolinha rodeada de outras, aguardando a minha vez.

O que se destaca é a alegria vibrante, que até hoje sou capaz de sentir: minhas pernas parecem mais finas, o quintal vermelho sob meus pés, a bacia cor-de-rosa nas mãos. O coração bate, como folha verde empurrada e puxada. Tudo ainda lá. Um sentimento intenso num passeio por folha, raiz, razão. Expiro o seu cheiro.

Se a palavra é lembrança, sobra ou parte, o que importa? É fácil transformar um deleite dourado num lamento acinzentado. Mas para quê? É tão doce o sabor da fruta. Limitado e perene é o minuto em branco, o que vimos passar e não preenchemos. Será mesmo necessário julgar, definir, enquadrar ou entender, para saborear? É das jabuticabas a minha saudade.

Sim. Eles demoraram. Horas. E a mim só restou

aguardar, pois eram deles as mãos. Quem faz determina o ritmo e dá o passo, ordena o cardápio. Logo vamos almoçar.

•••

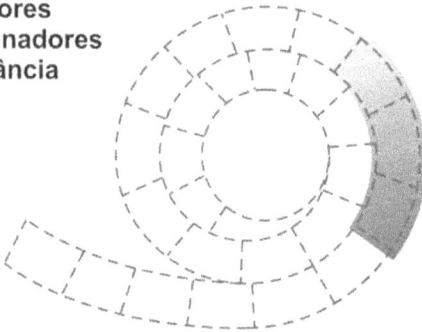

valores
treinadores
infância

domingo

Vez por outra, os treinadores precisam lançar novas sementes, mas no resto do tempo basta cultivá-las, para então observar o florescimento.

A Dor

A verdade tem seu preço. Não por acaso, somos educados desde a infância para poupar aos outros, tristeza ou dor. Não dizer tudo ou mentir um pouco é considerado gentil, não irrita. Mas a regra não vale quando se trata de nós mesmos. A falta de franqueza sobre si é a maior das pequenas armadilhas em que se pode cair. Impede que floresçam ideias brilhantes. Reduz a velocidade das atitudes e reações. Devasta o potencial de realização de qualquer um.

Esta é a hora de preparar a bagagem do seu sucesso. Uma lista de seus desejos pode ser eficaz para equilibrar o possível e o impossível. Seja franco, quem é você?

Partindo da imagem refletida no espelho, erradique as atitudes e os pensamentos devastadores, que exaurem energias e paralisam ações. O campeão em construção está com a vassoura nas mãos, e pode varrer o que lhe faz mal. Depois, lustrar o que tem de bom. É tempo de eliminar todo o peso em excesso na mochila da memória.

É bem possível que dessa atividade jorrem ressentimentos contra você mesmo. Mas melhor do que ninguém, você, favorito neste jogo, é apto para compreender suas próprias razões e deliberar sobre o que fazer.

É tempo de planejar o que é necessário para conquistar a vitória. O momento exige parar e selecionar, abrir espaço na bagagem, fazer escolhas sobre pessoas, comportamentos e conclusões.

Atenção. Evite cair na armadilha frequente de pretender ser tudo para todos, o tempo todo. Razões e desejos devem ser tão claros que, se você acordar no meio da noite, deverá ser capaz de responder quase dormindo para onde está indo. A verdade é seu trunfo.

Rebeldia

O que vou vestir? O que sou e gosto. Reviro o armário. Procuro verdades. Difícil. Há em tudo certa poeira que fere retratos, embaça o espelho.

Quanta dor. Doem as costas. Os pés. Os olhos. Sinto-me como chuva: trovões de raiva, raios de lembranças me assombrando, a noite inteira no choro e agora este amanhecer, que insiste em clarear mais um dia. Uma luz que deveria ser de aconchego, mas me arrepia a paz e machuca meu sono. Só quero dormir, descansar, esquecer a dor, hibernar. Deixem-me dormir e me esqueço de morrer.

Só assim suporto essa luz. Até que o tempo leve os incômodos para longe, traga uma luz maior. E um novo dia surja para ser vivido. O que vão pensar se perceberem que amo tanto a vida?

Pensar é simples. Falar é fácil. E como é fácil falar sem pensar. Homens e mulheres saem às ruas vestidos de suas crenças. Pensam refletir, nos olhos que os veem, a imagem do que são, do que foram, do que pretendem ser. Como se preservassem frescas as intenções de dedicatórias, não fossem páginas já roídas. Dias vividos. Cada qual uma existência com suas feridas latejantes rebelando-se contra uma corrente que leva os corpos, enquanto flutuam entre memória, espelho e sonho.

E quanto a mim? Vestir o quê? É domingo. Qual o tom correto? Não sei. A imagem oscila. São poucas as certezas. Visões do que penso e sou, meias memórias, espelho. Acaso, esporte, religiosidade? Devo usar paciência ou impetuosidade? Há os que investem na linguagem visual para dizer ao mundo o que lhes convém. Por vezes o que querem, por outras, o que devem querer. Eu quero uma anestesia. Que me faça suportar, parar de sentir. Chega de dor.

Para que tanta angústia? Para que tanto ardor? Tanto a fazer, a ter, a ser? O que quer o homem, afinal? A imortalidade numa ação, a felicidade numa paixão e a redenção na eternidade. Salvar-se, ao preço da modernidade. Não, os séculos passam e prevalece a essência do guerreiro que para evitar o erro, olha, assiste atento. Deixa que a imagem lhe ensine e aprende a amar.

O tempo leva e a moda passa. Exige pressa, pois

envelhece. O amor não. Fica na pele de quem o conhece. Não tem pressa nem se atrasa, só acrescenta. Como essência, transmuta-se em vida para ganhar o mundo, evaporar, partir ao vento e ir ao Himalaia. Quero viajar, imaginar tudo distante, longe da mente, dos olhos, do corpo. Sem fronteiras, amores, correntes. Já pensei em ser bicho. Viver de brisa e alimentar-me de sol. Ter água, ter casa, ter tempo. Correr, comer, dormir. E acordar sem dor, repousada. De um jeito humano ou desumano, como quiser, não importa a crença. Deixar o resto ao acaso.

Não mais querer. Faz-me lembrar de pessoas velhas, seus bolsos cheios de minutos e a alma sem norte. Não há desejo. Será por isso que se perde o viço? Eu não quero este morrer. Onde está o meu querer?

Desleixo ou charme, frustração ou vivacidade. Quem teria inventado isso? Palpites. O que faço com tantos palpites? Penduro ao pescoço ou os calço nos pés? Amarro na cintura? Troco por óculos? Não hoje. Julgada e enquadrada. Proibida e liberta. Já decidi. Neste domingo, ficam de fora as opiniões.

Quero amar a paz. Poder agitar e achar graça, viver de luz. Na luz. Aquecer-me inteira ao pensar em voltar. Carregar, brincar, beijar e até brigar, mas sempre voltar com meus próprios pés. Ter chão. Os pés no chão no trabalho, nos horários, no amor, no fazer. Ser moderna e ativa, ter motivo e humor. Ser capaz, audaciosa, produtiva, proativa, fascinante, inteligente. Que mais?

É demais. Cansa. Dói de cansaço, de ter quê. Me canso porque não quero. Não é esse o meu chão. Procuro uma mão. Para me agarrar, me levantar, eu quero dividir. Ou largar e me deixar esvair. Soltar-me e sumir transbordando e escorrendo, para crescer. Sem o amargor de tantas paixões dispersadas e diluídas. Já não bastam as mãos para servir. Deixem que eu seja eu.

Nada disso vai interferir. Serei eu da cabeça aos pés. Vou me vestir de mim e acreditar no que o espelho disser. Escolherei cores, sapatos e passos até entender. Preciso passar por etapas, seguir o trajeto, me fortalecer, encontrar as palavras para agradecer. Basta de medo, eu posso abrir os olhos. Libero as cores. Nada é bege. Como ser feliz bege? É domingo? Serei vermelho, amarelo. Roxo com branco. Preto e jeans. Jeans com tudo.

Quero as crianças e suas mãos de pãozinho. Alimentar os músculos, sentir o sangue, escolher a carga. Entregar as mochilas e dividir o que levam dentro sem padecer de cansaço. Preciso levantar-me. Despertar do sono e da fuga, lavar o rosto, os olhos e a dor. No clarear da mente me descubro uma sobrevivente, eu sou gente e gosto disso. Onde estão as crianças?

Hoje eu quero tudo. A plenitude de estar viva. Andar, comer, falar. Até de calar. Vou me escutar e atender. Prometo pensar antes de falar, serei atenta, toda energia à minha disposição. Abro os olhos para a dignidade e recebo a mim, a você. Não me importa a idade, o peso ou cor das meias, só a consciência de soltar as correntes e dilatar a paz.

Serei hoje minha convidada de honra. Olharei para os lados, escutarei o som dos sapatos e sorrir. Porque gosto, adoro sorrir. Vou sorrir por mim.

Esqueço-me da moda e me dou o tempo. Escolho onde almoçar, a alegria exalando no ar. Quero ambientes saudáveis, como a vida deve ser. Obstinada. Neste dia, de beleza e leveza, quero ouvir música. Imaginá-la ganhando a plenitude, arcando edifícios com atitude. Ela e eu.

Neste domingo, vou aprender com a digestão. Saborear as cores, decifrar os tons e compartilhar a gentileza de esperar. Sem cobrar. Com esperança. Assim quero ser.

•••

sentimentos
verdades
escolhas

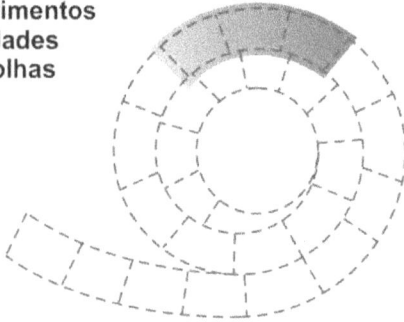

lugar na família

Enquanto seu pior inimigo for seu próprio desconhecimento, esqueça as dificuldades externas. Lave o rosto e enfrente o espelho: um tipo de confronto chocante, mas que faz maravilhas na conversão do sonho em algo real a ser vivido.

Personalidade

Toda iniciativa de mudança só faz sentido se existir um propósito muito claro. Contestar por contestar, mudar por mudar, constitui o meio mais eficaz de exaurir as forças, o tempo e a vida.

Você é normal. Como quase todos, adora rotinas e padrões. Entregar-se ao conhecido é tão determinante que parece fazer parte da natureza humana, não necessariamente a nosso favor.

Consulte seus temores. Suas desconfianças. É preciso usufruir do medo nessa situação. Convoque todos os seus membros para esta discussão. Do cérebro ao intestino, todos colaborarão. É tempo de honestidade. Sua personalidade está em construção. Esforce-se para tirar de cada célula de seu corpo a certeza de que a mudança valeu. Erradique as doenças, antes que elas pensem em se instalar.

Toda mudança deve nascer de duas certezas: a de

que algo não se encaixa no destino que se busca e a de que todo o nosso ser está convicto quanto ao que deve ser estancado e expurgado. Só assim você estará inteiro, com todo o potencial integrado para aproveitar cada chance de transformação. Mesmo que decorram de desgraças, ou de realizações alheias.

Criatividade

Não consegui dormir. A noite é tão longa quando não se tem paz. Estou cansada de pensar. De um nível profundo da consciência, ouço um "cale-se". É meu lado nulo e subjugado, o que se doutrinou, foi à escola e fez doutorado, que me pede silêncio. Para que tanta preocupação com o conceito alheio de realidade?

Sinto-me atordoada. Sempre tive opiniões. Busco o conhecimento. Preciso entender as coisas. E às vezes descubro que tenho agido como uma alienada. Já foi tudo visto. O que foi, o que é, e o que será. E eu aqui, descrente de tudo.

Como é possível? Dragões realmente existiram. E ciclopes. Nos desenhos animados, os avatares são dobradores de ar, de fogo, senhores dos elementos. Na Índia contemporânea, são sábios de cura. E até as crianças sabem disso. Encaram os fatos com naturalidade, como a existência de peixes no mar e plantas na floresta. Aceitam o conhecimento que o mundo lhes oferece com uma perfeita noção de lógica, sem exigir comprovações.

Não sabem que sabem, não têm essa prepotência. Apreendem o que se lhes apresenta. Respeitam seu tempo. Como imaginar, afinal, uma floresta sem plantas? Como duvidar dos peixes no mar? Ou de um passado, sem sabedoria e sem vida? Que labirinto é este em que a infância se enrosca e se roça para criar suas folhas?

Crescem num ambiente às vezes insuportavelmente abrangente.

Alguns adultos duvidam da existência de dinossauros mesmo diante de esqueletos em museus. Duvidam das viagens interplanetárias e dos documentários em vídeos, da evolução da vida através de repetidos renascimentos da terra, das plantas, dos animais, da consciência. Como acordar?

É extraordinário assistir à formação de uma geração com todas essas perspectivas. Um saber que não os faz diferentes, mas contemporâneos. Sedentos e modernos, abertos a possibilidades. Enxergam-se no espelho. Suas dúvidas são confessáveis. Desenvolvem músculos e palavras como sementes de vida sem se justificar. E o mais é comemorar.

E seu querer? Em que chão suas mentes caminham?

Onde devem estar as mãos para apoiá-los? O que buscam? Almoçam batatas e feijões. Têm sede de quê? De memórias que os nutrem? De valores? De falar ou ouvir? De voz, de mundo, de mãe? O que lhes servir à mesa?

Tudo. O bom e o ruim, aceitos como um todo num contraste perene. Vendo neles a unidade onde se manifestam os instrumentos a buscar o equilíbrio: atingi-lo é nossa razão de ser. Eternos. Modernos. No tempo.

Mas o conhecimento é limitado, trata da questão, é concreto e específico. Só a imaginação abrange o mundo inteiro. Pródiga e generosa esquece a razão. Na minha busca de estabilidade e abundância, há riquezas, natureza e agonia. Num universo tendendo ao equilíbrio, os elementos apenas se deslocam, caminham pelo mundo. Com eu, ao levantar e ser parte. Saciável. Abundante. Na minha ignorância, posso esquecer todo o resto e estabilizar meu mundo.

•••

movimento
realidade
objetivo

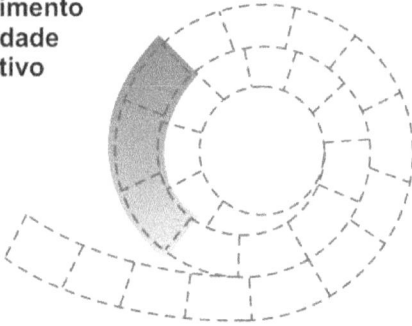

imagem

Esta disposição íntima para ouvir-se a si mesmo traz novos elementos para a conversa. A criança e o velho, a experiência e o medo, e, principalmente, a coragem. Aumenta o ritmo de aproximação da felicidade e reduz custos e desgastes desnecessários.

Educação

Todo campeão precisa de coragem para realizar o que seus ideais lhe trazem. Para que seus valores — devidamente reconhecidos e organizados — signifiquem algo, devem compensá-lo na alma e no bolso.

No contraponto, todas as práticas inadequadas devem ser punidas com seu abandono irrevogável. Há sempre ganho quando se cultiva a capacidade de superação e se extirpa a fraqueza, inerte e conformada. A coerência no fazer é muito importante.

Aprenda a interagir vestindo-se de coragem, de filho, de pai, de gente. De criança. Tudo o que é necessário está aí, em suas lembranças. Em palavras escutadas e atitudes incompreendidas: em fatos reincidentes. Imagine um lápis e muitos papéis. Permita-se trazer à tona a expressão mais ampla de valores, razões e protestos dos membros de sua família. Quanto mais acessos à memória, mais informações serão disponibilizadas.

Quanto mais adesões às sugestões recebidas, mais ideias surgirão. Se você for corajoso, buscará e aplicará as melhores.

Limites

Que susto. Que barulho é esse? Vem da cozinha. São as crianças. Cresceram, já aprenderam o que é um domingo. Deixam-nos dormir. Tomam banho e se servem à mesa. Têm as mãos limpas. Escolhem até as roupas que vão usar. Têm personalidade. Combinam as cores a seus humores. Deixam livre a própria natureza.

E as ideias? Como é possível? Os assuntos, argumentos. Quando foi que comecei a argumentar? No meu segundo emprego? Talvez eu não seja o melhor parâmetro. Talvez tenha sido obediente tempo demais, mas não me lembro de argumentar com meus pais, ou com meus professores. São lembranças de aprendiz, as minhas lembranças. Sempre tive sede de aprender, de saber, de mudar. Para argumentar, é preciso ter conteúdo, conhecimento para se expressar. Principalmente quando se está contra.

Nessas manhãs, questiono a educação, o que

disciplinar: o pensamento ou a discussão? Proibir resolve alguma coisa? Quem gosta de discórdia? Como alterar os rumos se é permitida a discussão, mas proibida a ação?

É preciso inteligência emocional para sentir, engolir e digerir. Uma boa capacidade de comunicação para devolver respostas claras, e mais, conhecimento específico sobre o que se diz, tudo em frações de segundo. E isso, as crianças têm. Vivem num mundo onde classes e etapas parecem ter desaparecido. Plantam florestas em seus sonhos, e as regam constantemente com detalhes e episódios. Dali, sem espinhos, brotam transformações. Alguns desgostos, eu sei, em sua visão do mundo, na forma de se relacionar, na realidade em que passam a viver.

Em nome de impor limites, lá se vai nossa energia para enquadrar nossos meninos. Pô-los em quadrados, literalmente, onde canto é canto e aresta é aresta. É assim que funciona, e eu também não via, não percebia. Se algo lhes falta, vão além, em busca. Demonstram capacidade nata para amar sem destino. E por não terem rumo, esbarram em quem lhe são próximos: a mãe, o pai, o violão.

Já fomos assim, mas agora, adultos, nos tornamos fabricados demais para percebê-lo. Não captamos a busca.

E aos sons da infância que passa de ano, pratica esportes e aprende a aquietar-se, vão se misturando os sons dos passos. Caminhar e calar. Que tipo de bagagem irá se acumular? Faz-me lembrar, quase sentir, o peso dos dias. E aí, está feito. O resumo está pronto. Só nos pode acordar a nostalgia, como um lampejo de luz do que havia. Do que foi, e quem sabe será um dia.

De vez em quando, foge um grande ao quadrado dos pequeninos e surge um Pablo Picasso integrando linhas, olhos, narizes e curvas em contornos inesperados, nos mostrando que há outras visões do que chamamos real. Como se trouxesse de outros portais de realidade uma nova perspectiva das coisas que pensamos ser nossas. Atinge a altivez intrínseca da criação inaugurando um mito: que não oculta segredos, mas os dispõe para os que os querem descobrir. Com sua habilidade, que vem pronta nas crianças, nos convence da beleza que existe ali. Quando olhar traços, como um protesto, é enxergar curvas.

Será que os artistas, quando crianças, tiveram sua noção de limites relegada ao esquecimento? Teriam caminhado em outras paisagens? Em que idade teriam começado a argumentar? A fazer cálculos, expressar conhecimentos? Adquiri-los de macieiras, como Isaac

Newton, ou de raios, como Benjamim Franklin? Como deixar a curiosidade ultrapassar o muro para observar as nuvens?

De certa maneira, cada bebê é um teórico criativo. Sua mente incita a investigação, e à medida que pesquisa, concretiza ideias. Descarta possibilidades e ganha certezas. Um cientista, que ainda não sabe falar. Por isso, é tão importante que não encontre todas as respostas já disponíveis em prateleiras, o que alimenta a imaginação e a capacidade de concretizar ideias. E desde quando são levados a sério? Será que tinham espelhos?

Toda infância pode ser obstinada. Crianças crescem, e incomodam o já acomodado. Despertam flores, derrubam estantes, embaralham certezas. Misturam tato e autenticidade, gentileza e verdade. Jogam na berlinda todo o discurso sobre valores, respeito, confiabilidade. Promovem constrangimentos junto à sociedade. São diretos. Se não gostamos do que oferecem, somos obrigados a aceitar? E se é o almoço de domingo da vovó?

•••

iniciativa
evolução
educação

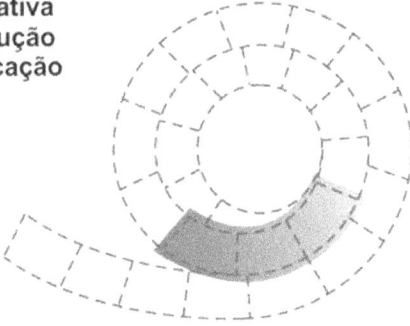

crenças

Viver não pode ser delegado. Exceto a quem, em última instância, é responsável por levar as próprias pernas ao próximo passo. O fazer é algo concreto, específico. Reveja a sua educação. Resgate os seus valores. Eis aí seu ponto de partida em direção à vitória.

Atitude

No treinamento de formação de campeões você foi orientado, desde o início, a perceber o seu ambiente — lugares, pessoas, ensinamentos — e, desse arsenal, selecionar suas armas para atingir o sucesso. Inicia-se agora uma nova etapa.

A bagagem acumulada já o modificou. A matéria-prima deixa o mundo exterior. É o momento de focar a atenção em seu interior, e estar preparado para assumir a liderança de seu próprio destino.

Seu próximo desafio é ir além de suas convicções. É sempre mais fácil cercar-se apenas de ideias, situações e pessoas das quais se gosta. E também mais simples admitir o percurso percorrido, a experiência que deu certo. Gostar e já ter feito, no entanto, nunca são suficientes. Há muito mais pela frente.

Inteligência e energia parecem vir na embalagem, mas habilidades em geral podem ser adquiridas no colo da mãe, nas histórias das avós, nas brigas entre irmãos. E mais tarde na escola e no trabalho, onde o conhecimento é testado.

Você foi preparado para, no momento certo, dominar a sensação de caos: converter decisão em ação, superando as próprias resistências a abordagens diversas. O que vier não importa. O tempo é seu aliado, e o processo só termina quando a gana de vencer, à sua disposição enquanto houver vontade, decidir adormecer e dispensá-lo da batalha.

Suas raízes foram fincadas na convivência com a família. Ali, foram impressas em seu caráter as noções de solicitude e reconhecimento. Da sua percepção de que está apto a servir, a fazer, a realizar, nasce sua autoconfiança. Do reconhecimento daquilo que lhe tem sido servido brota uma energia ardente, latente, uma predisposição bravia, pronta para transbordar em ação.

Acessando sua autoconfiança e esbanjando encorajamento, você toma as rédeas de seu destino. Através de suas ações, palavras e pensamentos, pode assumir o rumo dos fatos.

Efervescência

Ei. Psiu. Já acordou? Abra a porta, desperte dos sonhos. Vamos conversar? Quero falar de jogos, do episódio que assisti ontem, dos meus pensamentos, das ideias que me acompanham. Está ouvindo a brisa? Ela embala a casa e remexe a mente, me assombra levando a minha calma. Perco-me em palavras que ecoam por todos os lados, entre as ações que me exigem. Mas me sinto estática e a mobilidade a me perseguir e sacudir. Não quero ouvir.

Quero falar, brincar e viver uma vida nova, perfumada. Penso muito em como são as coisas, como poderão ser, o que posso fazer e o que querem que eu faça. Preciso decidir. Mas ainda sou tão pequena. Por que deveria ser fácil?

Quem acredita em mim? Quem precisa acreditar? Quem eu preciso que acredite? Imaginam esperar qualquer coisa, mas enquanto trabalham, discutem ou dormem, não percebem meu sofrimento. Não sou como as coisas, me revolto, quero transbordar. Vou tomar água.

Mais água. Necessito canais por onde escoar essas ideias trancadas, algumas já querendo endurecer: só fazem sentido em novos pastos, novos pousos. Preciso descobri-los, deixar este estado. Estamos todos dominados por um estado de espírito, como um tirano que nos governa. E o resultado é que a maioria dos homens já não consegue enxergar.

Ei, acorda. Sempre você me atrapalhando. Não sabe que preciso te ensinar? Varrer o sentido, o consenso, explodir passo a passo e te despertar. Mas prometo, nesta guerra, serei sua parceira. Vejo flores em meio à lama. Podemos preservá-las.

Hoje é domingo. São horas. Não há muito tempo. Vamos nos ver no almoço, e há tanto o que fazer. Já faço tanto, todos os dias, será que faço o que é preciso? É o jogo da vida. Faço o que precisam que eu faça. Como os homens, os adultos, os que dominam os números e o câmbio e matam as cores. Sou o que faço. Meus braços já não se esticam. Mas gosto do que visto. Será que não percebem que o que sou e faço é parte de mim?

Às vezes, faço o que querem por desejar o troféu, a aprovação. Mas em dias como hoje, não quero saber o que querem de mim. Quando se está realmente no jogo, percebemos algo além das regras definindo os fatos, as estratégias. Aí não tem jeito, só permitindo se intrigar e se lançar em discussões para convencer a mim mesmo na argumentação com o outro. Tenho um cérebro que lateja, se espreme, me chama. Você não ouve?

Vamos, acorde. Mesmo que o dia termine, prossegue a luta. Quero falar. Por mim, por minha tristeza, minha esperança. Para jorrar o futuro preciso de você. Me escute. Sei que novas ideias geram reações adversas. Em alguns momentos, entram para a história, alteram a visão de mundo. Em tantos outros, provocam medos secretos, e por causa disso são rasgadas e arremessadas no lixo. Acredite. Salve esse impulso. Ajude-me, use a razão, vamos concretizar as ideias. Entre na minha onda. Já é quase a hora. Daqui a pouco, teremos o almoço. Será o futuro. Aonde vamos hoje? Adoro ir. Chegando lá, me escutam.

•••

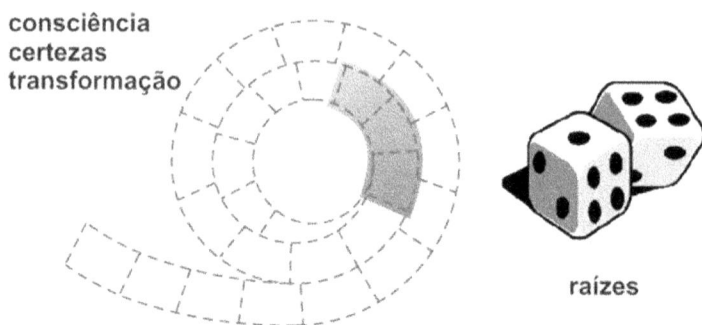

consciência
certezas
transformação

raízes

A atitude brota da verdade, do convívio autêntico com a própria alma. Ninguém é capaz de tomar decisões difíceis, sustentar posições impopulares e manter-se fiel às suas crenças se não souber quem é, e sentir-se bem com isso. Desse modo, encarar o mundo real, caminhar com os passos de quem é dono de si mesmo. Um conquistador genuíno, senhor na autenticidade.

Certos posicionamentos na vida são capazes de mudar seu tom. Mais do que o ambiente, o poder da sua postura leva você, de uma celebração interminável dos feitos do passado, para uma profunda inspiração que encoraja novas ações.

Antes de ser o líder de seu próprio destino, seu sucesso limitava-se à sobrevivência. Mas neste momento, tal liderança implica na incursão a outros patamares, na realização dos sonhos que escolheu como meta, no fortalecimento da sua coragem de agir. Seu progresso vai depender da capacidade de lidar o medo e ser autoconfiante: no momento adequado, na medida conveniente. E sempre combater a força da gravidade do negativismo.

Maturidade

As marcas de nosso relacionamento com as demais pessoas não se apagam. Afinal, do que é feita a eternidade senão lembranças? Do que você sentiu e fez sentir. E só onde há vida há sentimento.

Além de abstratos, os sentimentos são abundantes. Diferem na forma, no tom, na dose, no efeito. Vão além do que julgamos necessário. Outras vezes, se deterioram, se apagam, perdidos por negligência. Não deixam raízes. Lembre-se, campeão: foco. É preciso avaliar se os sentimentos certos estão associados às funções corretas.

Você segue em treinamento. Tem noção de que precisa treinar e ser treinado. A cada membro dessa equipe chamada família cabe seguir orientando e criticando, para ajudar a melhorar seu desempenho sob todos os aspectos. Seus treinadores podem despertar habilidades que, da maneira exata e no momento oportuno, se tornarão atraentes para o mundo. A raiva e o medo, a paciência e a dedicação, todos merecem sair vencedores.

A principal tática é enfrentar todos os relacionamentos com franqueza e ação. Debater, sim, os assuntos considerados negociáveis. Nada mais. Lutar, mas empunhar a paz. É esse o segredo do êxito.

Enganos

Já amanheceu. É preciso encarar o dia, o sol já vai alto. Preciso me levantar desta cama e viver. Não gosto desta vida, desta casa, destas obrigações. Não é o que eu sempre sonhei. Preparei-me tanto. Fiz tantas abdominais. Comprei tantas roupas. Escolhi meus amigos, não cedi aos meus caprichos, e para quê?

Sem que eu percebesse, enquanto eu fazia o que tinha que ser feito, a vida passou, os anos se foram. As pessoas me decepcionaram, e isso dói, dói lá no fundo. Uma dor sem nome, que a mente arrasta pra lá e pra cá, não se apaga. Não quero voltar atrás, viver tudo outra vez. Seria trabalhoso demais repetir tudo, sem pressa para agir, vagarosa no pensar. Impossível.

Tenho ímpetos de pôr fogo em mim. Arder e renascer das brasas. Não haveria de deixar que me decepcionassem. Gastaria menos. Obedeceria menos a uns e mais a mim. Tentaria mais sem tanto medo do desconhecido e de errar. Entre as pessoas o desconhecido é sinônimo de errado. Mas é disto que é feita a ciência, que parte do errado para construir o novo, de engano em engano aumentando o conhecimento, fundamentado e comprovado. Ah, definitivamente, eu erraria mais. Estudaria muito e eliminaria menos. Assim, minhas mãos não estariam sujas.

E essa porcaria de medo? A vergonha, a opinião alheia? Quem inventou essas pragas? Eu pegaria todas e as jogaria no fundo de um baú de enxoval, que trancaria com cadeados e esconderia debaixo da terra, num buraco tão fundo quanto aquele em que elas me jogaram a vida toda. O que faço agora com o que pensam de mim? Usando ou guardando, meu desprezo é um só.

Onde coloco a vergonha que me paralisou? E o medo que podou meus caminhos, estreitou minhas ações, fez meus dias exatamente iguais? Minha cabeça dói. Para que viver? Para que lutar? Com o quê? Para vencer o medo, a vergonha, as opiniões que jamais serão minhas? Nada disso me acompanha.

O medo já conseguiu o que pretendia. Nada acontece, é tudo sempre tão igual. As opiniões se foram, com as pessoas que importavam. Só me restou a vergonha do que deixei me acontecer. Vejo no espelho o remorso do que não fui e uma saudade profunda, do eu que não deixei avançar. É a vergonha que me faz levantar, dia após dia. Que me faz tomar banho, me arrumar, trabalhar, e fingir que sou feliz, para não passar mais vergonha. É ela que me impele a sorrir e brincar, quando o desejo é chorar e gritar. Não, isso jamais.

A vergonha me nutriu. Colocou na prateleira o que há de melhor. Pôs-me a postos para conviver com quem gosta de mim e com quem me desgosta. Salvou-me na selva. Ensinou-me a diplomacia, os assuntos e gestos cruciais que quase sempre funcionam, a simpatia, a alegria. As reações que me mantém integrada à sociedade que me rodeia e cerceia. Com ela me vesti. Dela me alimentei, matando uma fome que devora a si mesma. Sem desejos, só anuindo. Com ela tive meus rompantes, dormi e acordei. Ela, porém, nunca dorme.

Hoje eu entendo. Um dos motivos mais fortes que leva os homens à arte e à ciência é o desejo de fugir de suas experiências cotidianas. Fazem do acúmulo de bens, conhecimento e acontecimentos, o pivô de sua vida emocional, onde buscam a segurança e a paz que só serão atingidas se utilizarem o vento adequado ao seu destino. Eu não sabia qual era o meu.

Quando chegava a hora do almoço, vestia minha

tristeza e, com um sorriso desenhado, abotoava meu sofrimento. Preparava-me para mastigar situações e engolir minhas mágoas, sorrindo e sangrando por dentro. Lá dentro, bem no fundo, já fui feliz. Já sonhei, já acreditei. Onde foi que parei sem perceber?

Os outros também sonharam como sonha quem ainda não viveu. Será que todos aqueles sorrisos têm sabor de lágrimas? Será que realmente se salvaram da dor? Será que podem me ensinar? Será que há tempo para aprender? Eu quero sair da prateleira e carregar o mundo, como se fosse uma brisa. Fluir e vencer. E voltar a sonhar. Quem vem comigo?

Não quero mais ser velha. Envelhecer e secar, perder a água, a fluidez, o movimento. É muito triste, mas às vezes o ressecamento ocorre ainda na infância. Retardar a velhice, no entanto, é maravilhoso, deixá-la para amanhã, para depois de amanhã. Num vislumbre, percebo uma sutileza divina em deixar o tempo de agir em nossas mãos. O meu tempo é agora.

Para sobreviver, preciso encarar os choques. Todos são fundamentais. O importante é a escolha que vem depois: o que reconstruir. A abertura é crucial. Até mesmo a natureza premia as espécies que se adaptam às mudanças. As alterações são visíveis na aparência física, perceptíveis nas atitudes. Como a própria herança revitalizada, enxaguada e purificada.

Hoje, aprendi a aprender, a me alimentar melhor. Absorvo os olhares e escuto as entrelinhas. No almoço, quero mais que macarronadas e saladas: vou à busca do caminho. Vivemos em família desde os primórdios. Será que nunca vamos nos entender? Quero o teu sopro, teu saber. Quero te ouvir, quero te ver. Hoje, vou querer você.

•••

poder
alicerces
lições

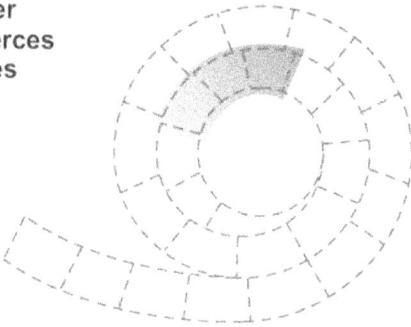

convivência

O mundo de quem olha nos olhos e solta os cabelos tem muitas encruzilhadas. É importante saber como voltar em alguns trechos. E não se condenar, mas lembrar: compete a você detectar os enganos e consertar os erros.

Quem toma providências para trazer a razão e a emoção de volta ao jogo, vive plenamente, com dignidade e respeito, por si e pela humanidade. Aprende a substituir os valores e atitudes em curto- circuito, cuja centelha impede seu equilíbrio.

Com isso, cresce e transmite sua mensagem a todas as suas células: nenhum sentimento pode ser maior do que quem o sente.

Vida

É chegada a hora. Defina sua posição logo no início da próxima partida e enfatize com frequência aonde quer chegar. Você está completando a reforma.

Comece presumindo que as dificuldades são maiores do que parecem. Não perca tempo negando o ciclo e seus obstáculos. Em seguida, assuma a postura mental dos que acreditam que não há segredos no mundo e que todos acabarão descobrindo tudo, conhecendo todas as estratégias. Espere que seu lance seja recebido da pior maneira possível, gerando desdobramentos inesperados. Mas você agora sabe: seu destino é vencer. Prepare-se, você consegue.

Com o aumento de atividade, alguns músculos podem ficar doloridos, algumas células podem se rebelar e desenvolver doenças, os olhos podem se cansar de tanto chorar. Mas fazer é preciso, e as mangas já estão arregaçadas. É tempo de viver.

Vento

Vou abrir as janelas, ligar o som, tomar café. E vou caminhar para encontrar o vento, bater de frente com a brisa. Deixar o sol me queimar, a chuva me molhar e o suor escorrer. Vou explodir da energia que me infla, dizer ao mundo que não estou aqui a passeio. Dizer bom dia. E se a resposta vier fria, olhar para o sol e buscar meu caminho. O meu bom dia.

Hoje não vou trabalhar. Nada de relatórios urgentes, de pessoas anestesiadas no formigueiro da sobrevivência material. Nada de almoços com as pessoas certas, de cardápios politicamente corretos, o dia todo de café em café.

Vou respirar bem fundo, sentir o coração acelerar. Exercitar as mãos. Olhar o porteiro nos olhos enquanto me entrega o jornal e dizer-lhe: obrigada. Enxergarei a calçada, os muros a rua. Procurarei um lugar bem comum, pelo qual passo todos os dias, e o acharei lindo.

Não me engano, prefiro a rotina frenética me impulsionando, me fazendo produzir. Como se eu fosse uma peça da engrenagem, ou uma gota de chuva pingando do telhado. Fazendo parte. Acreditando que a minha parte faz diferença. Para quem?

A resposta vem molhada. Como a chuva que irrita quem não gosta da vida, é todo barro, sem sonhos. Ou quem não tem tempo, vai simplesmente seguindo por aí, anestesiado e insosso, vivendo uma vida de pesadelo. Confesso que às vezes também me irrito com a chuva. Ninguém precisa saber dos meus ressecamentos, dos meus ressentimentos.

Foi naquela chuva que eu me descobri. Me molhando, ouvi o som da vida. Entendi que a chuva irritava porque era viva, e eu não sabia como viver. Se todos pudessem se observar à distância, perceberiam a abrangência, a amplitude de suas vidas, se levariam mais a sério. O certo e o errado. O bem e o mal. Algo é bom ou ruim de acordo com seu efeito em cada um de nós. De resto, tudo são nuvens.

Hoje não sou mais assim. Escolho aprender, apreender. Com todos os sentidos. Se intuir é perceber, a mente precisa olhar. Olhe a chuva. Abra espaço para a imagem. Siga os pingos. E acomode a mensagem, pouco importa se num segundo ou num século inteiro. O importante é possibilitar a proliferação, perpetuá-la na memória, nas atitudes. Com muito oxigênio.

Vou ordenar ao meu cérebro que produza mais adrenalina correndo para frente, para o meu destino, sob a luz que me ilumina desde que nasci. Vou seguir até onde os outros não foram. Nesse rumo, é bom começar a observar o que os demais não observam, mesmo nesse encontro com a brisa, nesse diálogo com o vento. Vou ouvir além das palavras, escutar a resposta com cheiro de mato e agir. Deus, como isso é bom.

Reconheço meu poder. Permito-me pensar. Deixo-me gostar e sonhar. Alongo os meus braços. Solto a cabeça para trás e olho para cima. Alargo as minhas perspectivas. Estico a minha vida enquanto alongo as pernas, uma após a outra. Passo a passo. Cansei.

Vou me despedir do vento, devagar, com imenso prazer. Caminhar devagar e firme cheia de endorfina, ácido lático, calor e suor. Vou me desviar do buraco, no cantinho do bueiro, que agora já conheço. Reconheço o caminho, e o meu é outro.

Vou me educar para ver o mato, que ontem me era invisível e hoje é fato. Com o mesmo olhar, lerei o jornal treinando a mente para pensar. Este sim, um dos maiores valores da educação. Tomo mais café, um banho e me visto para o almoço.

Desligo o som e fecho as janelas, sem jamais fechar a alma e desligar a vida.

Este estado de consciência soa como verdade. Pura, sem angústia: o que era dor a chuva levou. Restaram os relatórios, que produzo como quem encomenda um desejo: me empenho em fazê-los cada vez melhor. Das refeições de negócios, absorvo cada componente; e sinto que é aquele o tempero que há de me proporcionar os almoços que escolherei. Sorvo gota por gota cada café, e ordeno agilidade ao meu cérebro. Escuto a campainha para captar tudo. Abro o pacote. Codifico. Produzo mais e sempre melhor.

Assim, poderei tomar mais água, cerveja e vinho. E aí sim, com a dignidade de uma cidadã contemporânea, saborear o meu domingo, sentindo a satisfação a escorrer-me pela nuca, com fome de vida e o prazer de ser e acontecer. E ao final de um dia, tenho muito a agradecer à vida por despertar-me a consciência para um domingo diferente.

Que seja bom e grandioso o meu dia: no cardápio do almoço; na caminhada gostosa; na tranquilidade das contas quitadas; na poupança que faço para os domingos futuros. Que sejam frequentes e, como luzes, tenham rumo e ritmo. Diferentes. Cheios de esquinas, e com o aroma de alfazema dos que acabam que chegar.

•••

expectativas
preferências
hábitos

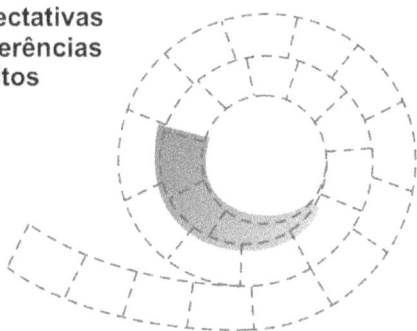

vida

Toda reforma é trabalhosa, dolorida e fundamental. Exige soluções concretas e uma reformulação da forma de ver, analisar e agir.

Depois de iniciada, nada voltará a ser como antes. Reverte, com frequência, carreiras e vidas. Quase nunca termina sem algum sangue no chão e um ser humano de pé, vigoroso.

Para ser livre e realizado, você precisa ter integridade e inteligência. É certo que sobreviverá. Entretanto, só com maturidade poderá aprender a respeitar as emoções alheias, abandonar a arrogância, e, enfim, voar.

Ser como aqueles que parecem ter nascido prontos. Não sabem o que virá, mas estão certos quanto ao que fazer. Eles parecem possuir um acessório, um dispositivo nato que determina o que é importante. Constituem uma categoria de jogadores que se alimenta de água, flui no mundo e conquista o que querem, sem sequer perceber que, para isso, às vezes basta querer.

Sempre

Celebrar. Ouvir a canção ou cantá-la. Apreciar as artes. Vibrar com o esporte. Superar a matéria e descortinar outras paragens. Comemorar o fim da batalha, o início do amor, o dinheiro no bolso, o aperto de mão. Os líderes de seu próprio destino comemoram com paixão.

Sua vibração é sincera, profunda e genuína. Sua capacidade de avançar, de prosperar na ação, merece aplausos. Hoje, você tem consistência e a coragem necessária para decisões difíceis e radicais, do tipo sim ou não.

É tempo de saborear o resultado. Parar. Escutar. Comunicar. Transcender. Aceitar o convite e se aproximar de Deus.

Ao Senhor, todo poder e glória

Gosto de rezar. Se o mundo é energia, é essa a sintonia que escolho. Aprecio a grandiosidade da oração, da magnitude desse poder, de poder falar e ser ouvida pelo Todo-Poderoso. Faz bem me sentir instrumento de uma grande obra. Sinto-me útil, fazendo a diferença. Sendo diferente. Caminhando com a diferença.

Encontro tempo para tudo, e é hora de ir à casa divina. Vou de manhã, inicio o meu dia já iluminado. Tenho tudo. Minha vida é boa. Tenho problemas, mas os problemas não me têm. Nada é maior do que esse poder que emana da vida e do amor. Tenho muito a agradecer. E enquanto viver, quero me conectar ao que há de melhor. Quero energia positiva, quero saúde, ideias, sonhos, planos, fé. Quem está conectado a Deus pode ter tudo.

Quero que a vontade Dele impregne todo o meu ser e guie todos os meus passos. Ensine-me a falar na hora certa, a usar as palavras certas; a me calar e escutar. Dê-me inteligência para estudar e sabedoria para agir. Ó Pai, seja sempre o escudo que me protege e a luz que me ilumina.

Vou me arrumar. Por dentro e por fora. Não importa o quanto o meu melhor é pior que o de outros. Deus nos conhece por dentro e por fora e sabe o que temos para dar, o que precisamos receber e conquistar. Que sejam feitas Suas maravilhas na minha vida.

Sempre saio renovada de um encontro com Deus, borbulhando ideias, vontades. No fundo, independente da religião, acredito que a vontade de Deus é esta: que saiamos da casa Dele repletos de vida, sem duvidar da realização de sonhos, acreditando neles a ponto de traçar metas e marcar datas. Prontos para nos superarmos intelectual, emocional e financeiramente na realização do próximo passo.

E se alguém me perguntar por que me conecto com Deus, direi a verdade: para ser feliz. Para agradecer. Vou ouvir, vou cantar, vou rezar. E quando voltar, vamos todos almoçar. Juntos.

•••

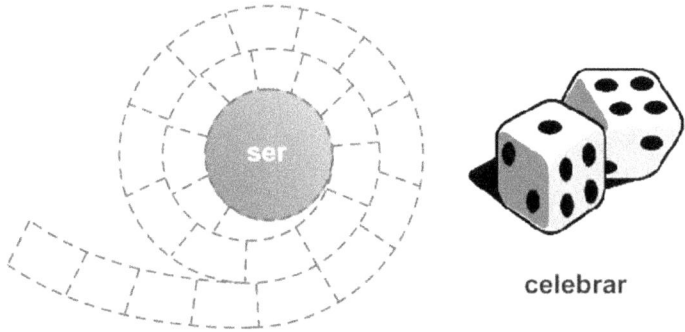

celebrar

Eu poderia acrescentar que dedicar algum tempo para ouvir, ter sinceridade e respeito consigo, uma espécie de dinamismo e introversão internos, faz geralmente com que você se saia melhor. Mas os resultados falam por si, em alto e bom som. A vida os escuta, e os arremessa à eternidade.

Parte III

A Configuração do Jogo

DOMINGO - O Jogo

Participantes:

Resultados:

Lavando as mãos:
A Entrada:
Prato principal:
Sobremesa:
Café:
Licor:

Tabuleiro

O tabuleiro virtual é um dia de domingo. Ao configurá-lo, o jogador determinará seu estágio de vida ao despertar; sua estratégia e os participantes, o resultado desejado do almoço e os próximos domingos.

Tudo começa quando seus olhos se abrem e você toma consciência de que é domingo: um dia culturalmente dedicado ao lazer, tirando você da roda-viva que o impulsiona dia após dia. Afinal, no domingo não há expediente. As crianças não vão às aulas. Nesse dia, as famílias se encaram.

Guiados pelas situações que essa convivência proporciona, desencadeiam-se os acertos e desacertos, mantidos até o dia em que o jogador decide reconfigurar sua imagem. Isso pode ser feito a qualquer momento do jogo, alterando os resultados desejados e as estratégias empregadas.

Caso você prefira, a figura da família pode ser

estática, sem falas e sem ação. Sem espaço para se expressar, seja por palavras, seja por atitudes. Pode também ser passiva: ouvir, receber suas ações e reagir como você determinar. Caso opte por uma família ativa, com diferentes faixas etárias, terá a possibilidade de incluí-la em qualquer etapa do jogo.

É importante ressaltar que, numa configuração de família estática ou passiva, você assume o comando do tabuleiro, mas não dos resultados. Outros elementos interferem nos embates. O jogo tem suas artimanhas para fazer com que as lições do treinamento de vencedores sejam aplicadas. Nosso jogador conhece cada uma, e precisará estar atento para identificá-las. E para vencer.

Já numa configuração de família ativa, você estará atento a todos os passos executados por todos os jogadores. Cada participante dará seus lances, fará suas escolhas: como despertar, almoçar, enfim, seu próprio posicionamento. A combinação destas opções formará o cenário. Assim, nenhum dos jogadores terá controle sobre o contexto do tabuleiro, e nenhuma opção será irrelevante.

A diferença crucial entre os jogadores, mais uma vez, será o treinamento de vencedores. Você, o jogador principal, é o único a realizá-lo, o que o coloca na posição de favorito.

Você usufrui de seu arbítrio ao se confrontar com as escolhas dos demais participantes. Afinal, a liberdade deve ser exercida e respeitada por todos. Tudo convergirá para um marco único: o almoço.

Todavia o sabor de cada domingo é diferente. Há muitos rostos. O aconchego. A tranquilidade de quem escolheu os melhores sonhos. O desespero, como o outono. Não fica expresso nos vários semblantes quanto dinheiro ganharam. É preciso digerir, com prazer, terapia ou sal de frutas os demais jogadores, mas, essencialmente, o nosso personagem. Seu apetite pelas coisas da vida não é sempre o mesmo, nem seu paladar. Na partida, os resultados serão determinados pelas respostas de cada participante. Para alterar as posições, é preciso esperar o próximo domingo.

Como os domingos se sucedem, cada partida proporciona a possibilidade de uma nova configuração do tabuleiro. Tudo pode ser incluído ou excluído: acontecimentos, contatos com forças desconhecidas, os próprios movimentos e os alheios.

Mas é preciso sobreviver até lá. A rotina espera na porta, segurando a bolsa e escovando o casaco. Sua família lhe deixou marcas. Remarcadas, rebuscadas, ofuscadas. Não se pode dobrá-las, empacotá-las e escondê-las no armário. Do seu almoço, você traz o beijo, o tapa, o hálito da macarronada. Você quer mais beijos, não merece o tapa e adora a macarronada.

Vamos almoçar?

Você, seu personagem, agora já adquiriu uma forma. Tem idade definida, e já sabe o que busca na vida, se as tempestades que enfrenta contêm raios ou chefes, problemas financeiros ou saúde debilitada. Já sabe o que te atemoriza e o que te fortalece. Já descobriu onde está a luz, e, iluminado, deslumbra seu caminho: em meio a tormentas, mas com seus objetivos bem claros.

Esse caminho sempre começa em sua própria casa, no seu despertar. É importante visualizar o seu endereço, o tipo de habitação, o ambiente de convívio diário, os interesses que permeiam seu mundo. São essas as marcas do que lhe é familiar, e são tantas, ou tão poucas as que consegue perceber, que às vezes se confundem e parecem iguais, como os grãos de areia.

Entretanto, você não anda a deriva. Sabe o que importa. Enfrenta ventanias, e quando se cansa, volta para seu próprio mundo. Tem para onde voltar: sua casa, suas coisas, suas marcas, suas dores. É preciso incandescer cada canto da casa, identificar as sombras e remodelar o seu mundo, para aproximá-lo de seus objetivos e reconhecer, nos elementos do seu mundo particular, as pessoas de sua família. Nessa jornada, desenhando, esculpindo, escrevendo, o jogo dá forma à sua história. Você tem fome de vida.

Os dias se sucedem: chuvosos, ensolarados, frios, quentes, nublados. Os humores se alternam: a família presente nos odores, nos sabores, nutrindo o corpo, a alma, a mente. Ruminar discórdias é inevitável, antes que a digestão faça seu trabalho e transforme cada partícula em semente de conhecimento. Saboreando olhares brilhantes e frustrados, você sorri, grita, briga, ama. Desfruta de tudo e de todos.

Domingo após domingo, seu personagem se repete. Como numa espiral, os ciclos se sucedem na busca de valor no que tem, e no passado que um dia foi. No sonho de um dia ter, só você pode determinar quanto está disposto a fazer para consegui-lo. Incendiadas as sombras, a espiral vai ganhando firmeza, sua estrutura revelando os trajetos percorridos.

Há dias em que acorda criança e se deita cansado, e mesmo assim segue se levantando e se deitando, apesar do esforço, desalentado. Continua caminhando, por ruas e pensamentos. Habita um lar que lhe é tão íntimo que já nem o nota. Segue se alimentando: às vezes de jabuticabas, às vezes de fé. Passo a passo, vai escrevendo a sua história em seu próprio mundo, seu próprio sonho, seu território.

Muito mais do que apenas cumprir convenções, regras e deveres, você tem um papel a desempenhar na família de seu universo. Você escolhe seu lugar, mesmo sem perceber, e nele imprime os seus atos. Na medida em que sacia as próprias necessidades, assume o peso de seu próprio ser. Constrói o fato ao escolher uma possibilidade e descartar a prateleira, digerindo e saboreando.

É esse o quinhão de existência que lhe cabe: fazer ou deixar-se levar. Será que sempre funciona assim? Seriam todos os domingos quentes, chuvosos ou nublados? Todas as palavras, tratados cruciais? Muito difícil serem todos iguais. Alterar é preciso, caminhar é possível. Ir ao Pai, olhar sua mãe. Tirar os olhos do feijão e olhar suas mãos: examinando com lupa o que o momento apresenta. Vislumbrar o fazer, o dizer, o servir, ora miseravelmente crítico, ora abundantemente solícito. Adotar a perspectiva de quem está pronto, e saindo da média, almoçar com vigor.

A mesa está posta e fugaz é o cardápio, a toalha.

Relevante é o momento e sua abordagem, pois está em suas mãos gostar e saborear, celebrar ou desdenhar. Deixar esfriar até que se congele para não mais escutar o filho, a alma, o rádio, tal como influência inanimada. Ou assumir mastigar, conversar com gestos, palavras e olhos.

Quem sabe imaginar que está longe ou mais perto, que ainda tem mais ou que tudo acabou? Desperto o suficiente para lembrar-se de Deus e desabafar a dois, profunda e silenciosamente, dividir a salada, agarrar-se ao inefável e suportar o que você é. O que mais importa? Você crê, e suas crenças o sustentam. Como uma sobremesa para o espírito, ocupando espaços, preenchendo lacunas e deixando na língua o seu doce sabor.

Você está sentado. Ajeita-se na cadeira, procurando o conforto. Sem intenção, derruba um talher, se abaixa para pegá-lo e, sob a mesa, descobre outros pés. Como os seus. Neles, percebe outros tipos de sapato, outras formas de ir. Surpreendido pela proximidade da diferença se pergunta por que levou tanto tempo para enxergá-la. Com os braços, afasta a cadeira da mesa, mas vem de seus pés o ruído perturbador. Dirige- se ao armário e abre a gaveta. Seus dedos buscam outro talher, pois a desculpa anterior já não funciona, e você se prepara para usar uma nova.

Ajeita os cabelos, fecha a gaveta e retorna aos seus, ocupando seu lugar. Estranhamente, já não parece o mesmo.

Neste momento, percebe a própria roupa. Há quanto tempo se veste assim? Algumas peças que usamos aderem à nossa vida, como se fizessem parte do corpo, uma extensão da personalidade. Em especial aos domingos, fica difícil determinar o que escolheu: o figurino ou um personagem que o veste.

Você não pensa, vai agindo, permitindo ao lado pronto de sua personalidade estender-se corpo afora e simplesmente se apresentar, ser o que é. Pra que tanta pressa se aos domingos não há expediente? Há tempo e espaço para se cuidar, saciar a sede do corpo, da alma, da mente. Seja lá do que se goste, se aprove ou esconda, há em seu cerne uma busca que te move e um alimento que te impulsiona: são suas preferências profundas. Aos domingos, tudo pode manifestar-se sem defesas, escolher a água, a fé, o mundo. E ser essência.

Seus sapatos te acompanham para a rede, a sombra, a mesa. Em seus passos, sua maneira de seguir: brando, firme, arrastado. Você entende o que é o domingo? É o tempo nas mãos e o almoço na mesa: da cozinha, no bar, na casa da mãe. Quantos vêm para o almoço com seus sapatos de domingo, caminhando disponíveis? Para onde vão, como aproveitam o domingo? Quem você quer que participe do seu dia? Estes, os escolhidos, pertencem à sua família do coração.

Juntos vocês vão ao jogo. Caminham na rua. Correm no parque. Ajoelham-se para rezar. Recolhem o lixo, escolhem a mesa e dividem os pratos. Os membros da família são os jogadores que têm fome, que se juntam para saciá-la. O cardápio é o mesmo no momento em que todos convergem à mesa posta. Olham, falam, ouvem para em seguida divergirem ao retornar a seus destinos e desenhar o mundo no sofá, na cozinha, na estrada. Ninguém vive a vida de ninguém.

O que lhe vai à mente? Como suas roupas, seu humor e seus dentes, os pensamentos te acompanham na rua, entram no carro, embarcam no ônibus, são seus guias. Em alguns países, pode-se determinar em que escola alguém estudou pelo seu sotaque. Muitas comunidades distinguem o estado geral de saúde das pessoas por seus dentes. A sociedade intui pelas roupas que usam por onde andaram seus personagens. Como vai sua saúde? Do que você fala? Como expressa o seu humor? Qual a sua escola? Por onde anda durante a semana? Como vai seu espírito? E o que faz aos domingos?

Aos domingos, você faz escolhas. E com frequência, a mesma mesa, o mesmo prato, as mesmas risadas, a mesma sensação. E sabe-se lá quantas vezes, um sonho. Em suas palavras, carrega a sociedade que o envolve, a casa que o acolhe, a vida que edifica. Algumas escolhas se mostram indigestas, mas como evitá-las? O vinho, o bacon, o doce. Prevenir ou remediar? O beijo, o grito, o ardor. Tudo começa ao reconhecer o ponto e o nosso personagem tem apetite a saciar. O feijão está na mesa, seus mestres estão à mesa. Naquele momento, tudo que nosso personagem necessita está disponível no almoço que a vida proporciona. Você pode pegar seu prato, aceitar o almoço e acreditar na vida.

Os cheiros são mágicos, poções que despertam e adormecem. Nem sempre você está suficientemente atento para percebê-los no corpo, nos lugares, nos sons. Acordar é mergulhar no mundo. É preciso tocar, ouvir. E, às vezes, lembrar-se de cheirar e recordar a alegria, as peles beijadas, os sufocos, não deixar a vida passar inodora.

A vida pode ser recorrente, e você pode aprender a entrelaçar, influenciar, delinear o norte e direcionar. Determinar o quanto é bom saber, reconhecer seu sabor favorito, o destino almejado. E então caminhar em direção a ele.

Ouvir o som da voz, da dor, da música, do amor. Entrar no tom. Que horas são? Quem está aí? Um ser humano com corpo, ideias e desejos, e sua família com seus cheiros, desafios, conversas e amores. Compartilham a fome e se saciam de vida. Esta na hora de girar o tabuleiro.

O jogador, que você criou e que o livro treinou, está pronto para brilhar. Sua luz iluminará os fatos e permitirá novas conclusões e sensações. Ao abençoar seu treinamento de vencedor, o empenho de seus treinadores, o suor de seu próprio rosto, emergirá a possibilidade de alterar a sua atuação. Ser você mesmo, e além de um vencedor, um treinador do outro.

O próximo domingo está chegando. É tempo de ampliar a visão, instigar a ação e promover a paz. Os outros te aguardam à mesa. Vamos almoçar?

Tópicos para Jogadores

No jogo e na vida não basta ser o dono da bola, responsável pela configuração do tabuleiro. Forças diversas cruzam o nosso caminho e as circunstâncias fogem ao nosso controle. O jogo e a vida têm suas estratégias e seus resultados. Diante do novo, o amplo conhecimento adquirido pode ser expandido se aceitar o próximo desafio:

INICIANTE
As Pessoas

INTERMEDIÁRIO
Os Fatos

AVANÇADO
As Ideias

- Tópicos para jogadores iniciantes: as pessoas
- Tópicos para jogadores intermediários: os fatos
- Tópicos para jogadores avançados: as ideias
  Como jogador, você não está vinculado a nenhum

perfil. O importante é analisar cada tópico, de maneira natural e honesta.

A cada etapa do almoço, serão elencadas perguntas sobre pessoas, fatos e ideias. Coragem. Identifique as pessoas; limite-se aos fatos; renove as ideias.

Parte IV

O Jogo

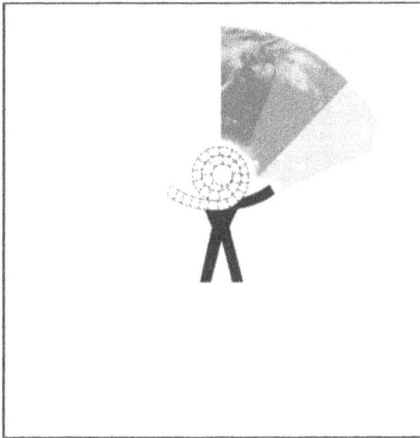

DOMINGO - O Jogo

Participantes: ....
Resultados: ....

Lavando as mãos: ....
A Entrada: ....
Prato principal: ....
Sobremesa: ....
Café: ....
Licor: ....

INICIANTE

As Pessoas

INTERMEDIÁRIO

Os Fatos

AVANÇADO

As Ideias

Lavando as Mãos

Convivendo com a diferença

Hoje vêm todos. Que haja paz.

Já preparei a casa, arrumei a sala, lavei os banheiros. Tudo cheira à esperança. A mesa está posta. Arrumei os talheres e penteei meus cabelos. Na cozinha tudo está pronto. A louça está lavada, não há vestígios da luta. Levantei cedo e trabalhei rápido para poder sorrir.

Vou abraçá-los quando chegarem e em segredo desejar que Deus os guie. Vou beijar a todos, fazer as perguntas certas. Alguns não gostam de beijos, ainda não tiveram tempo para descobrir que o beijo é a delicadeza, a sutileza do amor. Gosto de ver a dança do batom, que se esvai nos lábios e colore as faces. Alguns vêm para o almoço já com a volta no bolso. Outros preferem o abraço, ficarão até a noite.

Vou fazer o que me cabe: servir bem quente e a todos, propor um brinde. Tilintar os copos e olhar nos olhos, elevar as mãos para celebrar. Não permitirei que banalizem a alegria, a mesa posta, a vida disposta e a esperança de sobrevivência. Agradecerei a Deus por sua presença. Prepararei seu lugar de honra abrindo as portas ao soar do Tim-Tim. Então hei de ver nos olhos os corações libertos.

Vamos falar sobre a novela, sobre a revista. Mas sobre o chefe, não. Alguns chegarão anestesiados, outros com a garganta congestionada. Terei ímpeto de paz. Permitirei que remexam as gavetas e aliviem o coração. Quero espalhar perfume e bom humor. limpar a convivência, e deixá-la brilhando. É melhor lavar as mãos.

Usem água, muita água. Lavem, limpem tudo que não lhes pertence. O pó, as manchas, a maquiagem que se deteriorou. Tudo que transborde do passado, para que o presente encontre uma brecha e assuma seu lugar. Construam na água os cristais de seus sonhos e os deixe reluzir. Cantem na mente a música de seu futuro. Jazz ou rock? Escolham o tom. Escutem o som que vem da alma e embala o dia. Cantarolem seus desejos para o mundo. E deixem fluir.

Há toalhas no banheiro? Saibam usufruir de minha hospitalidade. Não quero que passem e deixem rastros molhados, o jornal estagnado na porta, sugerindo a falta de vida e aquietando a casa. Ou então gestos parados no ar, que já anda raro. Abrirei as janelas para arejar o ambiente e os pensamentos. Vamos refrescar a atmosfera e o corpo.

Olhando o meu reflexo na vidraça, imagino uma sala de espelhos com efeitos especiais: são meus convidados. Não possuem, em princípio, poderes melhores que ninguém para lhes garantir ganhar sempre. Mas há detalhes, sutilezas, que nem todos manejam a seu favor. É preciso diminuir o que nos incomoda e amplificar o que nos agrada. E inverter as posições para apaziguar, solucionar conflitos. Sim, abençoada seja a imaginação, que nos permite compor as cenas e simular os resultados.

As pegadas que deixamos e o passado que vivemos já não nos pertencem. É tempo de se secar, deixar o mundo entrar e se lembrar de que hoje é dia de luz. Deixar o corpo escutar a mente e, quem sabe, se apaixonar pelo que vem pela frente.

Água, sabonete, toalha. Minha fome, a saudade, minha mãe: cada qual no seu lugar. A água correu e deixou saudade, o sabonete perfumou palavras e adiou a fome, a toalha no afago nos devolveu a mãe que, de tão amada, deixo às vezes de lado. Fragmentos do caminho percorrido, refletidos no meu mundo sob as mesmas impecáveis ordens, regras e consequências. No universo como o compreendo, com funções a desempenhar. As mesmas palavras, os mesmos odores. Sempre. Detesto vinagre.

A janela está aberta, e já se pode circular. Sinto a ventania de almas, famintas por se encaixar. Querem participar, sentir a pele, a pulsação, a sensação de contato com quem sabe a direção. Perceber o espaço e o chão. Reduzir à poeira alguns desconfortos que vêm com a emoção. Onde deixei a minha?

Em certos momentos, sinto muita fome. Fome de arroz, batatas, espaço e alegria. De gente pulsante ao meu redor, gente que acorda de manhã e sai desperta para a vida. Com atitude, postura, sem esquecer a bagagem no meio da rua. Fome de viver, deixar pegadas na calçada, risos no ar e palavras na lembrança. De usar olhos de criança vendo que a vida pula, vai à frente da mente. Você precisa de ajuda?

Mantenha as mãos limpas e o coração afoito, com apetite de amor, a fome de calor no corpo, nos temas, nas trilhas.

Quero ser conservador e unificar. Preservar os conceitos e a louça no armário, destruindo de vez as taças trincadas. Prefiro matar as complicações com ideias práticas, prontas para consumo. Desfazer confusões e agir. Esquecer, perdoar, transmutar. Reassumir meus passos, reaver o amor que caiu em desuso e seguir no rumo. Para saciar a fome de vida, viver plenamente a que é minha.

●●●

INICIANTE — As Pessoas   INTERMEDIÁRIO — Os Fatos   AVANÇADO — As Ideias

Sobre pessoas:

Quem preparou a casa para poder sorrir?
Quem abraça, beija e olha?
Quem serve, brinda e agradece a Deus?
Quem fala, determinando o humor?
Quem deixa rastros?
Quem está refletido nos espelhos?
Quem tem fome de vida?

Sobre fatos:

Qual é o preparo da casa para poder sorrir?
O que é o abraço, o beijo e o olhar?

O que servir, brindar e agradecer a Deus?
Qual é a fala, determinando o humor?
O que são os rastros?
O que está refletido nos espelhos?
O que é ter fome de vida?

Sobre ideias:

O que diz o sorriso?
O que fazer com o abraço, o beijo e o olhar?
Como servir, brindar e agradecer a Deus?
Como falar, determinando o humor?
O que fazer com os rastros?
Como lidar com as imagens refletidas nos espelhos?
Como despertar sua fome de vida?

A Entrada

Expandindo a observação

Conheço esses aromas: já foram tudo para mim num tempo que, acredito, nem mesmo o tempo se lembra de onde guardou. Alegria, segurança, prazer. Hoje são ervas, molhos de frutas. Tomo o meu lugar. Sento-me. Empunho os talheres. Sirvo-me do tempo e das presenças, e ocupo o vazio com o momento.

Olho a mesa e vejo gente. Tive sorte. Há grandes mestres presentes. Gente que fala, mastiga e sente mais do que a fome do corpo, eu vejo, eles têm sede de paz. Suas ideias e comportamentos expandiram minha visão de mundo, mas já não as reconhecem como suas; às vezes, chegam a duvidar do próprio poder. Dispensam preliminares e já não se preocupam, apenas compareçem. Onde foram almoçar os fortes, que plantaram tais ímpetos no meu ser?

Ah, esse cheiro de família. A vida segue e as pessoas mudam, ora murcham como as flores, viram semente e recomeçam tudo; ora crescem, aparecem frondosas e cheias de galhos, argumentos, dinheiro no banco e um brilho no olhar. Todos aqui, agora. Presentes ao almoço por crer no sabor.

Alguns mastigam com prazer. Saboreiam momentos e alimentos e se levantam nutridos. Esparramam-se pela sala, você olha e vê a energia ambulante, andando, comendo, falando, sendo. Outros são apenas promessa brotando, se preparando para o que há de vir, sugerindo que o melhor está por vir. Cuidam dos talheres e das palavras. Escolhem com parcimônia, usam o que está disponível e eu nem percebi. Há ainda os adormecidos, sempre preferindo o sofá: sem grandes apetites pelo muito que percorreram ou o nada que realizaram. Não importa o quanto desfrutaram, muito ou quase nada, descrentes, enfastiados, já vão rejeitando a entrada. Precisam de pimenta.

Para iniciar e preparar, o verde é necessário. Sem questionar sotaques, louças ou condimentos, é a base do ser. Experimente.

Prove novos temperos, sente-se em outra cadeira, coma em outra velocidade. Demande do cérebro novas conclusões, como fazem os curiosos. Para renascer, desafie a realidade perante o momento, reformule conceitos e processos, procure respostas. Tente novos mergulhos, visões, para o seu deleite. Seja forte, ávido, capaz. Por mais revolucionário que possa lhe parecer, apenas usufrua, com todos os seus sentidos. Afinal, sem aventura não há novos sabores, nem prazeres, nem descobertas.

Veja a salada ainda na horta: ela não espera a mesa posta para absorver da terra o que servir. Para aprender, o olhar é fundamental. Absorvendo até seu limiar a vivacidade e então servir, fortalecer o outro. Só os grandes têm essa habilidade.

Para diferentes fomes, muitos talheres, discursos e sensibilidade são necessários, e nem todos têm um arsenal tão bem montado para descobrir a pureza disfarçada em ingenuidade, a sabedoria emoldurada numa inércia pronta que, encerrada a espera, realiza o movimento numa ambiguidade sonsa que interrompe tantos trajetos. Desmonta guerras. Determina as escolhas e conveniências e, despretensiosamente, faz brotarem sorrisos.

Quero sal. Na alface, na batata e na cebola que sem ser prato, e nunca o será, faz toda a diferença em qualquer alimento. Como um personagem genuinamente alegre e comunicativo introduzido no contexto, altera o efeito de tudo o mais. Não por exercer alguma atração misteriosa, e sim por seu modo simples de magnetizar o ambiente, impregnando-o com o odor da vida, irresistível. Sua ausência deixa uma lacuna jamais satisfeita. Por outro lado, seu excesso adoece, não satisfaz.

Todos querem vencer. Você tem sal?

•••

INICIANTE
As Pessoas

INTERMEDIÁRIO
Os Fatos

AVANÇADO
As Ideias

Sobre pessoas:

Quem é forte?

Quem determina a energia?

Quem precisa de pimenta?

Quem é necessário?

Quem inaugura sorrisos?

Quem tem sal?

Sobre fatos:

O que é forte?

O que determina a energia?

O que é pimenta?

O que é necessário?

O que inaugura sorrisos?

O que é o sal?

Sobre ideias:

Como ser forte?

Por que determinar a energia?

Quando adicionar pimenta?

Onde se fazer necessário?

Como inaugurar sorrisos?

Como ser o sal?

O Prato Principal

Movimentos

Sem desdenhar do que se tem querer mais.

Recebo da vida o que preciso e nem sei querer. Eu quero o quê? Absorver do mundo o que a alma pede. Buscar no ar, no arroz, no amor, o que me faz valente, para penetrar numa vida que ainda será vivida. Sem pressa, sem desespero, traçar as linhas. Fazer o que está à espera de ainda ser feito, na economia, na escola, no abraço.

Olhar de perto o que se apresenta e me servir disso. Se não houver escolha, aceitar, agradecer e abençoar. Para frutificar. E assim liberar os nós da garganta e dissolvê-los em água. Libertar os rumos que a vida pode tomar. Ser músculo e sangue, jamais tumor. Despertar as ideias paradas com o paladar: experimente hortelã. Degustar o encontro e falar, com uma alegria que às vezes nem está lá. Seja brando, acrescente azeite. Digerir é preciso.

O momento é de ação em cada movimento, transformar, ingerir a energia e agregar. Pôr a essência na mesa. Trocar e doar. Encontrar a combinação perfeita, aquela que o fortalece para sobreviver. Cada um tem a chave para decifrar a sua.

Quanto a mim, chego mais perto e recupero a minha. Busco na mente os ideais que me norteiam e na memória o bem-querer que recebi. Tratando a carência, posso me salvar do estado de inanição em que se reconhece a vida, mas já não se tem olhos para ver; que percebe a fome, mas já não há forças para comer. Prove a fé. Não há mais tempo para hesitar.

Vou soltar minha criança sedenta de alegria e novidades à mesa. Conceder-lhe espaço e voz e deixá-la livre no domingo para que forme as conexões nervosas, fibras musculares, e sua inteligência emocional. Como nutri-la da esperança necessária, prepará-la para a jornada de uma vida?

Nesta etapa, eu sei, são estabelecidos alicerces para estruturar o mundo. Filhos do amor são diferentes. Crianças geradas em momentos intensos, densos de gozo, dificilmente vacilam. Têm nas entranhas umas fibras de não sei o quê que as sustentam, e são impulsionadas naturalmente, muito à frente dos que não descobriram o que é o amor. Ainda não sei quão longe irei, quantas milhas percorrerei. Mas me desejo vencedora e quero forte o meu infante, capaz de vislumbrar a jornada que outros não veem, e a sei latente. Dou os passos, sei que posso prosseguir.

A infância é carente. Quer sempre mais. Procura ouvidos e abraços: tantas vezes descontente, insegura. Seus ossos são fracos. Com prazer ou sem, urge aumentar sua dose de cálcio e vitamina D. Quero te alimentar com cultura, educação e alegria. É preciso energia e bom senso para fazer-te apreender a vida e ultrapassar seus limites. Como um ser humano em seu universo, apto a pôr sua mesa e formar uma família. Sempre com amor.

Empanada ou com molho, jamais dispense a verdade. Concordar conforta o esforço de quem mede as palavras, premia um longo condicionamento de quem tenta agradar àqueles que o escutam. A busca do sabor é louvável, mas fortalecer é fundamental. Tanta concordância pode engasgar. Vou diminuir o sal e aumentar a fé. Deixar o aroma fluir.

Gosto de essências nas ervas, nos livros e nas pessoas. Dessas que aguçam os sentidos com uma sensação de possibilidades, de novas respostas, novos desfechos para velhas encruzilhadas, desafiando as estatísticas e alterando as probabilidades. Se eu caminhar, e for até a cozinha... Reponho o feijão que se acabou, esqueço as dietas, aumento as vitaminas. Posso influir e contribuir, construir a novidade.

Quero provar de tudo, sem exageros que rompam o equilíbrio. O almoço alimenta o imortal que mora nesse corpo, embriaga as células, com sabor e ritmo. Adoro queijo. Aqui tem infância, irmãos e rancor. As sensações põem a mesa. Para saborear paixão e esperança, é preciso disposição. Para absorvê-las, paciência. Com delicadeza, posso melhorar o teor. Pesquisando com a boca as chances de triunfo, até sutilmente chegar à garganta e vencer. Guardo a raiva para outro momento. Será necessária para desenvolver a garra, a persistência e a velocidade. Corte a carne, cruze os talheres e siga, para o próximo embate. A luta é sua bênção.

Sem dentes, não há nutrientes. A espada do guerreiro se vai, as batalhas terminam e se chega à era da diplomacia. Estrategistas com rugas manejam com destreza e parcimônia a sabedoria desenvolvida a cada esquina. Sabem cozinhar os fatos, ensinam a transcender o agora para construir um amanhã. São gestos, limitações, palavras e silêncio, sementes de um outono que ainda pode ser bom. Hoje tem purê.

Prefiro sem limão. Na minha mesa, há cuidado, razão e aversão. Cru ou nu, atenção, pode ser diferente. Todos têm que comer arroz? Acrescente razão quando houver aversão. Sua opção pode manchar a toalha e marcar sua pele, mas não a elimine. Tomo cuidado com o nada e o sempre. Pois a pimenta não torna amorfa a pessoa que já sabe digerir. Assim foi concebida, para sobressair-se: como aos domingos algumas iguarias, servidas em louça branca e vozes firmes.

Por favor, não use seu garfo para me servir. Partilhe o espaço e me dê um pedaço. Compartilhe a casa, a mesa. Cada qual com seu rosto, eu escolho ter meu gosto. Para que desmentir o desgosto? Se Maria fosse João, se José entendesse Isabel, se a luz fosse molhada. Mas eu não sou você. Tenho outros olhos, palavras e sonhos. Quem tem paladar para a sinceridade? A verdade arde. Mas não me enoja. Todos têm talheres, use os seus. Com a educação no colo e o respeito nos lábios, é possível transbordar sem fel, sem ser cruel. Use o guardanapo.

Quantas vezes o nosso cardápio nos desafia? Aceito o combate das receitas de molho e de palavras, desafiando o caminho dos que seguem como manadas, submissos a um otimismo artificial. Para que negar nossa emoção, nosso escudo perante a realidade? Mesmo diante dessa simultaneidade assombrosa de passos, nada é absoluto, estamos todos em movimento em relação ao outro, como destinos em marcha. Qual é o próximo movimento?

Por vezes, é necessário flambar a discussão. Queimar os elogios que aleijam, diminuem a gana de superação. Surge então aquele indispor-se, polvilhado de obstáculos. Estando em família, chame o padre, o médico, o bombeiro. Quantos sonhos dispostos à mesa? Há muito amor a pôr no prato, por favor, abram espaço.

Desta obra assumo a minha parte, na minha medida. Nada do otimismo doentio, que desmente o que se vê com descaso, um desperdício de sabores e valores relegados por quem não os sabe apreciar. Vidas vividas em corpos diversos, com paladares reversos numa digestão participativa. Nem força do pensamento e bom senso impedem certa acidez.

Pode me passar um pouco de tranquilidade? Quero Deus, um lar, um herói para me guiar. Santa não sou, mas sonho com a paz e um pouco mais de silêncio. Um companheiro querido que perdi entre os copos, mas vou reencontrar com inteligência e muito empenho. Será que essas habilidades deixaram de ser talhadas para a sobrevivência? Não acredito. Hoje trago marcas, nos joelhos e no olhar. E um enorme apetite de viver, sem jamais voltar a ser.

•••

INICIANTE	INTERMEDIÁRIO	AVANÇADO
As Pessoas	Os Fatos	As Ideias

Sobre pessoas:

Quem se serve?

Quem se movimenta?

Quem é criança?

Quem escolhe a fé?

Quem é guerreiro?

Quem faz o cardápio?

Quem assume a sua parte?

Sobre fatos:

O que é servir-se?

Como é o movimento?

Como age a criança?

Como escolher a fé?

Como age um guerreiro?

O que há no cardápio?

Qual é a sua parte?

Sobre ideias:

Como servir-se?

Qual o próximo movimento?

Que tipo de criança você quer ser?

Onde colocar sua fé?

Quando investir-se em guerreiro?

Como usufruir o que há de melhor no cardápio?

Que parte do personagem você quer ser?

A Sobremesa

Sonhos

Quero ser grande. Como o bolo em camadas.

Preencher a mesa e atrair os olhares, despertando desejo. Através do olfato, penetrar territórios, estimular a língua, aprimorar as sensações. Passo a passo, sentir a textura e encontrar em mim mesma a maciez, o fascínio do doce. Sem excessos, ter beleza e leveza. Ser capaz de plantar sonhos, dar um toque especial, produzir o momento e, num instante, saciar toda expectativa. Inebriar os sentidos.

Sonhar. Os que sonham são como carolinas de doce de leite, unidas pela calda. Basta uma para satisfazer o desejo e instaurar prazer. Como a concretização de um sonho pode eternizar seu realizador. Experimente, pode ser sua última chance. Já é tempo de agir. Não se deixe esfaimar. Não há mais reação quando morre a ação.

Preserve a vida com misericórdia e menos discórdia. Viva a carolina.

Na cobertura, a cereja reina absoluta. Sobreposta a tudo, sozinha, no topo. Enquanto os morangos, em festa no recheio, contam uns aos outros as peripécias da forma, da semente à torta: foram cultivados, podados, embalados, transportados, expostos, moldados, distribuídos em camadas, na sobremesa e no mundo. Mesmo aos pedaços, continuam unidos. Jamais estarão sozinhos.

Seus destinos foram cingidos, mas já não veem o mundo: de um lado a massa, de outro o creme. E assim, isolados do exterior, seguem juntos, carregados de história e passado, marchando de encontro a um futuro comum. Num eldorado no meio do nada, servem todos a um mesmo propósito. E sorriem.

Na felicidade do não saber, o morango brinca. Paralisado pelo contentamento de conviver, não sente falta do olhar. Como enxergar o que não se conhece, se nem ao menos se percebe sua existência? Já a cereja, pertence ao mundo. Solitária e integrada, conquistou o cume e vive no auge. Vê as garfadas que vão e vem, e as grandes perguntas são inevitáveis. Terá que suportar o destino que se mostra claro e vai levando seu pedestal. Sendo ao mesmo tempo finalidade e fim de uma vida gloriosa, percebe o perigo dessa trajetória. Ao não descer do topo e jamais tocar as pessoas, se esquece da própria natureza reduzindo-se a personagem. Como fazer valer a pena?

Há os que preferem somente observar. E se maravilhar com cores, formas e alegria. Uma alegria tão grande que em si se basta. Comer já não é preciso. Descansam nos talheres pausados oportunidades passadas, até o momento em que decidem que não basta olhar, é preciso ver. Enxergando, percebem que há um jogo em andamento. Decifram suas regras, estratégias, objetivos, posicionamentos. E por vezes, quem sabe, até mesmo os demais jogadores. Quando se chega a este ponto, o jogo da vida torna-se um sistema, regido por leis de comportamento e reações. Nunca mais viver será aleatório.

Não é fácil. Por isso, não somos como Deus, que nos permite sistematizar nossas vidas e nosso mundo até não o querermos mais, e buscarmos a mudança. Basta adquirir um novo comportamento para obter a reação desejada. Passo dado, transbordamos de nossa realidade rumo àquela que aspiramos. O chão se vai. Permanecem os talheres.

A gelatina aguarda. O vento, a mão, a colher.

Consistente. Flexível e transparente. Discreta em seu sabor, e poderosa em nutritivo teor. Divertida, escorregadia e translúcida, fortalece o corpo que a elege. Já nos encantou um dia, quando o mundo era mais divertido, e escorregávamos numa realidade que julgávamos clara e lúcida, tão diversa do fascínio que uma torta desperta, com alegria instantânea e suas lições de poder. Esperar ou fazer, divertir ou encantar. Nem mesmo o mais cremoso chantilly conseguiu concilia-las. Mas vislumbrar o céu, sim, é possível. Eu posso.

Coloridos, os doces escorrem, extravasam. Convidam a celebrar. A sobremesa é livre como a vontade de cantar. Na mesa e na rua, nas cores e planos, satisfaz quem se permite provar. No sabor, as lembranças da avó, do colégio, do amor. Quando ocorre, é inesquecível o nosso deslumbramento: inebriando os sentidos, fascina a alma. E pouco a pouco, as camadas superficiais são removidas, as ilusões se dissolvem, até que se chega ao cerne, de onde o valor não se esvai, permanece impregnado em nosso senso de verdade. Cuidado. O excesso é perigoso. Muito ardor causa dor.

Imagino as mãos a modelar. Ingredientes, voluntários no caminho — morangos, creme, gelatina — que num único encontro selam seu destino de servir. E se não encontrar circunstâncias propícias, misturar e inventar. Gelatina e trabalho, destino e bolo. Igualmente, criações especiais tão maravilhosamente arranjadas que dispensam outras mãos, e o que quer que estas possam acrescentar. Tudo pronto e estagnado, sem lacunas nem brechas, eis a nossa realidade consumada. Melhor e maior, só mesmo o Criador. Experimente agradecer.

Com ardor ou pudor, saborear. Deixar-se envolver completamente como os morangos, ir ao êxtase e ao desespero como a cereja. Essa capacidade de se maravilhar, admirar profundamente algo que conhecemos, mas não conseguimos desvendar totalmente, nos dá a real dimensão do viver. Desmentir a existência da magia equivale a morrer, limitar o futuro e todas as chances ao que já se pode explicar, pois já foi visto e realizado, e dispensar a esperança do novo.

Não quero abdicar da gelatina para moldar os sentidos. Prefiro manter o paladar para degustar as oportunidades e, caminhando, explorar avenidas de realidade. Por haver emoções e encanto, algumas vezes é preciso se conter. No canto, na mesa, na dor. Por amor.

•••

INICIANTE — As Pessoas INTERMEDIÁRIO — Os Fatos AVANÇADO — As Ideias

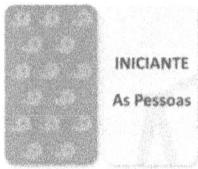

Sobre pessoas:

Quem é bolo?
Quem é cereja?
Quem é morango?
Quem é gelatina?
Quem se satisfaz olhando?
Quem quer ser grande?

Sobre fatos:

O que é bolo?
O que é cereja?
O que é morango?
O que é gelatina?
O que satisfaz olhando?
O que é ser grande?

Sobre ideias:

Como ser bolo?

Em que situações desejar ser cereja?

Qual a recompensa do morango?

Como se fascinar com a pureza da gelatina?

Como satisfazer quem está olhando?

Como você quer ser grande?

O Café

Transcendência

Hoje, cheguei água e vou embora mais denso.

Foram horas intensas, em que me fartei de luz. Não gastei meu dia. Relaxei os ombros, soltei o verbo, escutei as xícaras. Estou pronto para apreciar o que vier. Com açúcar, por favor.

O forte e o simples se contemplaram. Calorosamente, os grãos foram se desfazendo, vestindo de cor a transparência natural da água. Como aquele que anda e transmuta, marcando o mundo por onde passa ao se entregar à vida. Aprende a reconhecer a natureza adversa e dissolvê-la. Consciente, ocorre a entrega. Jamais voltarão a serem água e grão, nunca mais diferentes. Para tornarem-se o que há de vir.

Conviver com a diferença ou tornar-se um com ela. O café assimila a diversidade em meio a mutações lentas e quietas, que dificulta o reconhecimento da transformação de valores até que se complete. Eliminar a tonalidade na música, a perspectiva na pintura, a coerência na narrativa. Só quando o processo dilui as certezas, liberta dimensões nos inconscientes e toma verdadeira consistência, a inovação transborda, queimando o dia e marcando o espírito. Recalques e cultura se fundem e a revolução acontece.

O café chega sozinho, Todos os poderosos caminham sós? Por seguirem à frente, são tão solitários quanto únicos. Conduzem ao sonho que já foi sonhado, à realidade que já não questionam. Em sua visão, tudo se tornou tão claro. Quanto maior a compreensão — das ciências, das artes ou da vida — mais certeza se tem de que há algo mais, além do que usamos à mesa e no trato com os demais. Assim brota o respeito, o observar sem julgar, o aprender a ensinar. São noções e regras que ampliam a percepção do que existe e, principalmente, do que realmente importa.

É impossível separar os elementos que foram, um dia, até se abandonarem, para modelar o futuro. Que essência do poder nos seduz ao ponto de esquecermos nosso ser? Somente ao calar os outros e a si, é possível ouvir-se intimamente, acordando a própria voz. Na solidão da paixão, na janela ao entardecer, à beira do lago, na soleira da porta, descobrir o saber fazer. Traga as xícaras, canecas e ideias. Estou pronta para pensar.

Ah, esse sussurro que me inquieta, pedindo para ser ouvido. Insiste em lembrar que é preciso enxergar antes que os olhos se gastem. Quantos ouvidos é preciso ter? Para captar o choro, a canção e o coração, as vozes que atormentam e as que acalentam? Não quero em etapa alguma, nem para analgesia, a impotência do desencanto, a paralisia. Seja muito jovem ou velho demais, não importa, prefiro a tormenta que me impele à ação. Quero viver sem depositar as malas para sentar-me sobre elas. Posso destruir as correntes que, de tanto suportar, tendem a me sufocar. Eu quero meu espaço.

Almejo aquele tipo de calma que edifica fortalezas, como um abraço torna uma criança segura. E como criança, guiada pela intuição pura, me soltar, para não sufocar. Enquanto relaxo, observo minha porção idosa tomar conta do espaço e espalhar o que sabe sobre a mesa, a cama, a grama. O velho em mim quer ensinar, se fazer ouvir. Existir e não partir. Numa espécie de meditação vestida de descanso sem som, sem réplica, sem pressa.

Mas, pense bem. É preciso limpar, antes de guardar. Arrumar e resolver o passado, dissolver seus aromas, ressoar alegria. Não sair da mesa como quem, por falta de desejos, reflete no outro aquilo que ama. Agradecer ao sol, à lua. Mas a estrela, escolher por si.

Anseio por desfrutar os grandes momentos, como aqueles em que se pode sentir o mundo, encontrar a resposta: o céu nos entra pelas narinas e o mar se expressa em olhares, as ondas dirigindo os nossos passos. É um momento inconfundivelmente aromatizado a embriagar os sentidos e inspirar os próximos passos. Instiga a curiosidade e se vislumbram perspectivas. Diante da dúvida, posso despertar a obstinação de um cientista. Intuitivamente, enxergar e me direcionar na exploração do mundo, tendo por companheiros a insegurança e certa perplexidade. E uma imaginação poderosa, que transcende os muros e se senta nas nuvens. De lá, se tiver a coragem de olhar, e independência mental para revolucionar, observar as ruas e constatar as mudanças.

De um mundo que há de vir, posso ser capaz de trazer à tona a simplicidade dos grandes, sutil e cheirosa como o café, fincando seu pé na história que escreve. Essa compreensão, inatingível em estágios passados, torna respeitosos os ciclos alheios. Numa transcendência que nos prepara para o próximo mistério, torna a vida pulsante e alerta para toda forma de amor que deseja florescer.

Maravilhosa é a sabedoria da vida. Como não valer a pena?

●●●

INICIANTE	INTERMEDIÁRIO	AVANÇADO
As Pessoas	Os Fatos	As Ideias

Sobre pessoas:

Quem é forte na própria simplicidade?
Quem é poderoso e solitário?
Quem está pronto para pensar?
Quem quer transformar?

Sobre fatos:

O que significa ser forte na própria simplicidade?
O que são o poder e a solidão?
O que significa estar pronto para pensar?
O que se quer transformar?

Sobre ideias:

Como ser forte na própria simplicidade?

Quanto se aceita de solidão para conquistar o poder?

Como preparar o mundo para pensar?

No que você quer se transformar?

O Licor

Aceitação

Aceito o licor. O teor, o rumor, o sabor. E essa calma que quero agarrar.

O amor e a política estão na mesa. As paixões estão nos rostos e as palavras dominam o ar. Já se vai o tempo de saciar. O almoço está no fim. O espírito sabe, é preciso voltar a caminhar. Mas quer ficar, se aconchegar. O brilho da vida aparece nos olhos dos que se sentaram e se fartaram. Olharam ao seu redor e perceberam as mãos, os pratos, os humores. Juntos, alinhavaram lições compartilhando o desejo de se apegar à toalha e perpetuar esse momento. Só pode ser obra do amor.

O licor é a arte, a montanha no fundo do quintal. Quando sentimos ter alcançado o fim da jornada, o instante maravilhoso terminando ou um desafio grande demais se aproximando, as artes funcionam como um refúgio. Então, corremos para a montanha mais próxima.

Nela é possível subir, distanciar-se do peso, da vida que nos espera do lado de fora da porta. Recarregar as energias e então avaliar novamente. A montanha remove normalmente as dificuldades, afasta a urgência indesejada. Visto ali do alto, tudo é tão menor. Maleável. E podemos então expandir o espírito e encontrar o caminho. O tempo de ouvir, de falar, deixando a discussão escorregar pela garganta. Deliciosamente inspirar, ingerir o sentimento de união, de paixão. E se entregar. Lembrar-se do que já foi dito, e repeti-lo mesmo assim. Ouvir novamente a história e rir. Esticar o almoço, a companhia, o momento.

Para quem sabe ouvir, jamais será desperdício a palavra dita. E quanto mais se escutar, maior chance se terá de recuperar os ouvidos surdos, o movimento dos carros, o ruído das folhas. Porque quando se entende que é possível se fazer diferente, os limites se expandem de tal maneira que até nas palavras dos mudos se visualizam preciosidades. Como uma explosão. A passagem do trem passa a fazer sentido, como o passado preservado nas janelas. E tudo que existe é um poder infinito, pronto para ser absorvido.

Contentar-se com falar, ouvir, estar ali. Não importa de quem seja a última palavra. A beleza está na disponibilidade, no disponibilizar, no tornar disponível. O fato é a discussão, o resto são meras palavras. Retardar o futuro e saborear o presente. Permanecer sentado, num momento de eternidade. A vida é aqui. Agora. Simples.

Respirar. Relembrar e viver. É esta a melhor parte: a que ficou. Quanto mais se conhece a si próprio, maior o cuidado com o conhecimento de que se alimenta. O essencial borbulha no todo e se sobressai, intuitivamente, sem o excesso que trava. Excede. Muda o gosto, perde o tom. A medida é certa.

É esta a trajetória, da ciência dos homens e da obra de Deus, para arrebatar sem enlouquecer, como o amor, os momentos de alegria e prazer. Vividos, lembrados e comentados. Maravilhar-se e agradecer. Deixar que a paz faça seu trabalho, pois o próximo conflito já assoma à porta. E quando a campainha tocar, o trate com atenção. Convide-o para entrar e ouça o que tem a dizer. É a vida, chamando para o próximo embate.

•••

INICIANTE — As Pessoas   INTERMEDIÁRIO — Os Fatos   AVANÇADO — As Ideias

Sobre pessoas:

Quem domina o ar com palavras?

Quem sobe a montanha?

Quem sabe ouvir?

Quem conhece a paz?

Sobre fatos:

O que significa dominar o ar com palavras?

Qual é a montanha mais próxima?

O que pode ser ouvido?

Como reconhecer a paz?

Sobre ideias:

Como dominar o ar com palavras?

Como subir a montanha?

Como ouvir a resposta do mundo?

Como transformar-se num passageiro da paz?

Amém

Pai poderoso, hoje escolhi almoçar com o Senhor.

Peço licença para entrar nesta casa sagrada e me apresentar. Muito tenho corrido e sei, tenho estado ausente. O Senhor nos conhece por isso sabe: é meu convidado de honra todos os dias, em todos os momentos. O escudo que me protege, a luz que me guia.

Muito obrigada por sua presença constante, por sua inspiração. Muito obrigada por minha saúde, por minha família, unida pelo amor. Muito obrigada pelo alimento diário. Muito obrigada por minha casa. Obrigada por mais uma noite de sono, pela capacidade de sonhar. Muito obrigada por mais um dia, nessa escola da vida. Muito obrigada pela esperança, pela inteligência. Ensinai-me a usá-la, dai-me sabedoria, para que eu seja digna de ser chamada uma obra de Deus.

Ó Pai, hoje quero passar o domingo com o Senhor. Quero sua paz, seu equilíbrio. Quero sentir que todo o meu ser está envolto em sua glória, me preparando para a jornada aqui na Terra. Tudo o que tenho é esta vontade, e ela vai me nutrir. Fazei de mim, ó Pai poderoso, uma grande pessoa: em primeiro lugar, perante os vossos olhos e, se possível, também aos olhos do mundo. Desenvolve em mim a compreensão, que nos aproxima da humanidade e tantas vezes nos afasta dos demais. Pois sei que quem tem Deus, tem tudo. E que de resto não há nada.

Ó Senhor, ouvi minha oração. O Senhor me conhece. Dai-me hoje o que eu preciso, segundo a sua vontade. Lavai minha alma. Livrai-me das dores, dai-me o entendimento para me libertar delas. Essa urgência será o meu guia. Fazei com que eu esteja no lugar certo na hora certa, e que tenha a energia necessária para aprender e fazer o que o Senhor precisa que eu faça.

Senhor, não lhe peço o poder, mas a sensação dele. Pois eis que me une a ideais, e me enche de energia para realizar. Mantém-me de pé, para trilhar o caminho que o Senhor tem para mim.

Grande é seu poder. Grande é sua glória. Ensinai-me a caminhar na luz. Que sua alegria seja uma constante em nossas vidas. Abri nossos olhos para a beleza. Abri nossas mentes para o sucesso. Sua perfeição há de jorrar em nossos caminhos, em nossas vidas, inundar nossa alma. Para que seja feita a sua vontade de alegria, de abundância, de plenitude. Hoje, Senhor, quero almoçar em seu ventre. Amém.

Parte V

O Fim do Jogo

INICIANTE

As Pessoas

INTERMEDIÁRIO

Os Fatos

AVANÇADO

As Ideias

Contagem de Pontos

A contagem de pontos utiliza critérios específicos em cada fase, conforme a abordagem dos episódios. Os pontos acumulados não dependem, necessariamente, da quantidade de etapas executadas, do total de domingos experimentados.

A cada vez que aceitou o desafio e respondeu aos tópicos, você acumulou pontos. Seu interesse natural conectou-o a pessoas, fatos ou ideias. A esta pontuação, adicione os aspectos adicionais dispostos nesta seção. A familiaridade com a temática pode tê-lo levado a responder mais perguntas a cada capítulo, aumentando sua percepção quanto às pessoas e passando a perceber melhor os fatos que, analisados de forma mais clara, o induziram a novas ideias. Só por isso, tornou-se um vencedor: chegou até aqui.

Todas as vezes que respondeu aos tópicos para iniciantes, você desenvolveu sua percepção sobre as pessoas que o cercam. Aprendeu sobre o ambiente, as atitudes e seus efeitos. Através dos tópicos para jogadores intermediários, lapidou sua objetividade, sua consciência analítica. E ampliou sua capacidade de planejamento. Finalmente, quando aceitou os desafios para jogadores avançados, acessou o que a vida tem de melhor para oferecer a um vencedor: a possibilidade de pensar, de escrever, de realizar. Desenvolveu o domínio do leme na nave repleta de gente e conhecimento que é a sua vida. Maximizou sua pontuação com a idade em que acendeu a luz.

Mas, afinal, a quem interessam os pontos? São uma medida do seu sucesso. A fidelidade a si mesmo encaminha o jogador aos resultados desejados. É este o seu ganho: caminhar em direção ao que realmente o interessa. Contam pontos a diversidade e a coerência, pois conferem força e velocidade rumo aos objetivos traçados, a um entendimento mais claro e leve de si próprio. A vitória é o objetivo final dos jogos. E vencer é obter o que se quer.

Esse é o jogo. Essa é a sua história, e de muitas pessoas que estão por aí. Pessoas que sistematicamente engajadas, envolvidas, misturadas a tantas outras e a tantas coisas, acordam e partem para suas rotinas diárias. Cheias de pensamentos, desejos e dores, andam, trabalham, estudam, falam, escutam, praguejam. E dia após dia, se controlam. Controlam a voz, a palavra, o gostar, o suportar. Até que não suportem mais e desistam de controlar. Quantas vezes, sem saber, se deixam levar. Pela cidade, pelo campo, pelo mundo. Um vencedor constrói sua convivência em família de acordo com a consciência que desenvolveu do que é viver.

Contabilize cinco pontos se souber definir em que estágio está. E mais dez se ainda não desistiu.

Vai mais longe quem vê nos olhos o que as palavras não dizem. Quem sente no toque da pele envelhecida o frescor das histórias, que o olhar úmido esconde. Mas muitos só conseguem ouvir buzinas. Não percebem os instrumentos, a sinfonia da vida, os gritos dos sonhos sufocados no peito. Perdem a capacidade que as crianças têm de intuir a verdade nos olhos. Esquecem-se de que a pele cansada, enrugada, é sinônimo de longos trajetos percorridos, deliciosos nas lembranças que temos dos avós. Contam os anos no calendário, deixam de lado as próprias emoções, os planos traçados. Aceitam as regras, mas não as pessoas. Esse é o jogo que você aprendeu a alterar, quando identifica o clima das relações e as cores das emoções, resgatando da infância possibilidades esquecidas.

Acrescente dois pontos a cada recordação dos avós e cinco a cada emoção que você seja capaz de sentir.

Há tanto o que fazer. As prioridades nos orientam, e vamos em frente. Às vezes avançando. Às vezes apenas seguindo a orla, a onda, o mundo. Um dia, acordamos e nos damos conta de que é domingo. Não precisamos ir ao escritório. Podemos escolher o que almoçar. Nos cercamos de outras pessoas, outras conversas, outros silêncios. É o momento de ocupar seu espaço na família. Poderosamente, você utiliza cada resquício de dor, cada ponta de temor, para semear valores.

Acrescente três pontos para cada detalhe descoberto na observação do domingo. E cinco se o detalhe for sobre você mesmo.

Cada qual com seus ideais, cada qual com sua família. Algumas grandes, outras solitárias. Às vezes, ruidosas; outras tantas, silenciosas. Somos atraídos e norteados por nossas noções de família: nossos valores, nossa noção de normalidade, nosso entendimento do que é possível.

Quando você não gosta de uma situação no jogo, avalie-o sob duas perspectivas: na primeira, você pode correr muito e muito rápido, para ultrapassar a velocidade dos acontecimentos e se posicionar de maneira mais satisfatória; na segunda, você pode se abstrair, se colocar mentalmente acima de tudo e de todos, dissociar-se temporariamente para subir um degrau na consciência e então analisar os fatos, as pessoas, os atos. E após concluir qual o passo a ser dado, voltar ao contexto e agir. A qualquer momento, é válido refazer a mesma etapa com uma estratégia diferente. Será que o jogo realmente termina? A cada nova estratégia, a contagem de pontos pode ser alterada. E você estará novamente pronto para trocar os sapatos e escutar outra música. Deixando-se moldar pelos mestres que o rodeiam com a disposição de quem veste a roupa favorita, você vai desvendar sua personalidade e revelar sua capacidade de criar.

Some três pontos a cada valor moral transmitido por sua família. Ideias e conceitos que carregamos e ainda não desenvolvemos devem ser multiplicados por cinco.

Todos têm um domingo. Mesmo que, para alguns, o domingo só ocorra de vez em quando, uma vez por mês, ou mesmo às segundas-feiras. Ainda que seja determinado pelas escalas e turnos de trabalho, todos temos os nossos domingos. E todos podemos escolher como os passaremos: trabalhando, dormindo, chorando. Fazendo festa, lendo ou passeando. E que parte dele compartilharemos com nossas famílias. Será que todos querem ser responsáveis por seus próprios passos? Em que medida você determina as suas ações pela crença no Criador e valores aprendidos?

Cada atividade realizada no domingo deve ser multiplicada por dois. A detecção de atividades realizadas que devem ser eliminadas vale três pontos, bem como a determinação de novas atividades.

Há famílias tradicionais. Há famílias escolhidas. Há famílias excluídas. E famílias miseráveis. Nelas nos sentimos parte, nos nutrimos e nos esvaímos. São como um ímã, com efeito poderoso sobre todos nós, queiramos ou não. Acontece. É hora de enxergar isso. A moderação, aliada à objetividade, é como uma pérola, criada pela consciência da atual imperfeição e de sua própria capacidade de realização. Tantos males e tantos alentos, traumas e exemplos de superação: todos na família. Qual a sua escolha? O que você busca na família? Qual a família que busca? A grande diferença entre os cinco continentes está na forma como as pessoas se relacionam, com suas escolhas, sua busca. Sua atitude é seu legado ao mundo.

Para pontuar no quesito relacionamento, faça uma lista das qualidades de uma pessoa difícil e some cinco pontos por item relacionado.

Não se trata de construir uma maquete, ou um tratado estatístico de erros e acertos, ódio e desejos. A família é formada por seres vivos, mutantes como nós, em eterna formação. Ninguém está pronto, muito menos tão incipiente que podemos moldá-lo a nosso gosto. Para que sua segurança interior atinja profundidade, não seja só o que o outro vê, e se alicerce na humildade. Não numa humildade servil, cabisbaixa, um comportamento prolixo, de trejeitos ensaiados, mas num sentimento de humildade baseado na igualdade, na energia vital percebida em você e em todos os seres vivos que te cercam, na contemplação da beleza que transborda, tanto de seus próprios olhos quanto dos olhos que te olham, na aceitação de que esta não é a última etapa.

Novas rodadas serão necessárias para você e para os demais, como deuses em construção: cada um desenvolvendo sua habilidade, convivendo com a imperfeição, em igualdade, pelo crescimento. Todos estão a caminho, alguns há mais tempo. Enriquecem a convivência com seu olhar cheio de histórias, prontos para distribuí-las a quem tiver ouvidos, interesse e tempo. Normalmente são fatos narrados com amor. É preciso respeito por quem já foi, já fez. E hoje impregna a casa com sua bagagem ancestral.

Conte os ambientes utilizados no domingo. Subtraia o quarto. Some dois pontos a cada ambiente público e três a cada ambiente doméstico.

Por maior que seja a nossa resistência, integramos o resultado final. Influenciamos e somos influenciados pela nossa comunidade. Se você não gosta dos resultados, procure rever suas atitudes, a forma como se posiciona naquela situação. Sempre avalie seu desempenho, mas jamais aceite que lhe digam quem você é. Só você mesmo tem acesso irrestrito às suas paixões, medos, dores e prazeres.

A verdade não pode estar em outro lugar. Transbordamos para o trabalho e as ruas, a família que enxergamos, a que nos coube, que suportamos e quase sempre amamos. É a nossa base, o nosso porto. A nossa família, que encaramos a cada domingo, com sol ou chuva, na dor ou na alegria. Nos domingos em que fugimos, ou nos acercamos. Domingos que odiamos ou que, ansiosos, esperamos. E que nos transformam. Domingos em que acordamos moldáveis e outros pelos quais, congelados, simplesmente passamos.

São dias perdidos, mas a escolha é nossa. É nosso o caminho. E a grandeza está em vivenciá-lo: no movimento, na palavra, no brilho, na mesa posta, nas mangas arregaçadas para servir. Na instituição construída. Na planta cultivada. Na criança capacitada. Ao final, resta apenas o sabor. O que mais importa? Quem te despertou para a dor, o amor, o vigor? Que ingrediente aprendeu a usar com seu companheiro, seu pai, seu mundo? O que importa é que você está pronto para viver.

A cada novo ingrediente introduzido na dieta

cotidiana, some cinco pontos. Não importa se é paciência ou frequência. Adicioná-lo abrirá novas perspectivas em sua existência.

O jogador é imortal. O que você não realizar hoje, concretizará amanhã. Se assim o quiser, se continuar no jogo. Para tudo há um instrumento. Afine o seu. Lustre os seus objetivos e aprimore suas estratégias. Se for sincera, será a opção perfeita e despertará os sentidos, o fará prosseguir. Harmônico. Como a música: sempre disponível para todos. Vivo.

Respostas de um jogador

Iniciante

Tenho trabalhado muito para ser feliz, o que, para mim, significa ter momentos de alegria. Sorrir e falar sem me preocupar. Sentir a segurança no ambiente. Confiar nas pessoas e me deixar abraçar. Entendi o que é receber. Assim, eu aprendi a dar.

Houve um tempo em que a única coisa que eu recebia dos que me cercavam era um abraço com os olhos. Em algumas situações, isso é tudo que um ser humano é capaz de dar, por maior que seja sua gratidão e respeito. O beijo era apenas uma lembrança, deixada no mundo seguro enquanto eu me deslocava por zonas distantes. Abraçava, com meu conhecimento, as escassas esperanças de vida de homens, mulheres e crianças.

Com o tempo, consegui conviver com o desespero de minha impotência. Passei a trabalhar com a realidade, mesmo que fosse precária. E eles perceberam. A resposta veio forte. Quase não havia ruídos nem queixas. Essa gana de superação no olhar alheio passou a ser o único e extraordinário agrado que a vida me reservou. Entendi como é a vida de um médico, muitas vezes trabalhando em zonas de guerra, em países subdesenvolvidos, crescendo em meio à escassez de tudo. Assim, aprendi a enxergar o abraço, o beijo e os olhares.

A cada vitória, qualquer sinal de melhora, tudo parecia mágico, como um brinde quebrando o protocolo. Naquele instante, não era o irmão, nem a mão. Era um pedacinho de Deus desenhado nos rostos, um a um. Querendo lembrar que havia algo a celebrar, que nem tudo eram nuvens. Ali também existiam luz e esperança. Deus estava ali, e eu agradecia por também estar por participar da construção.

Entendi como é a vida de um engenheiro, mudando o horizonte com casas cheias de amor, rasgando os céus com a energia distribuída, oferecendo água como se oferece um bálsamo e espalhando soluções para o bem-estar. Assim, aprendi como trazer dignidade ao cotidiano das pessoas. Servir e comemorar. Brindar e agradecer.

Seja qual for o humor, posso transformá-lo em trampolim para o sucesso. Como determinar o humor? Não sei. Quem determina o humor? As palavras ditas, ou a reação de quem as escuta. Às vezes, o tempo parece estagnado diante de certas afirmações. Outras tantas, o que se escuta possui a capacidade de paralisar jornadas, estancar movimentos e reverter os rumos. Onde está o dom da determinação? De agarrar o momento certo e fazer história? Qual o componente? A magia que nos magnetiza e impulsiona naquela direção?

Talvez seja o tom, o som do sonho dele, do outro, que também é meu. A palavra sedutora, que soa poderosa. Entendi como é a vida de um político, o tom específico. Cirúrgico. Adequado. Competente. Aí está o poder. Ouvindo e absorvendo, colecionando frases, emoções e expectativas para utilizá-las nos momentos precisos com habilidade para atingir seu objetivo. Assim, se pode determinar o humor.

Quem nunca teve o mundo nas mãos? Da namorada. Dos pais. Seu mundo disposto numa bandeja, inteiramente à deriva. Dependente das decisões da pessoa amada, do seu humor, dos seus passos e palavras. Marcando a pele à brasa, deixando rastros. Isso nunca vai passar. Entendi como é a vida do músico, que faz da imensidão do próprio sentimento uma sinfonia. A cada nota, um personagem: que passou, mas não se foi. Deixou seu andar, um trejeito. Uma marca no olhar de quem viu, tudo gravado e codificado, transformado em música. A entonação ressuscita o gesto, o apego, o valor. Até o amor. E não passa. Aí está o segredo da imortalidade.

Os outros podem mudar de assunto, ensaiar piadas ou contar novidades. Mas a questão é: quem está refletido nos espelhos? Vou sempre carregar a cicatriz. Entendi como é a vida do psicólogo. Eliminei da mochila a revolta, mas o desgosto estava muito agarrado. Sobraram resíduos. Escuta meu pedido. Olha nos meus olhos. E me mostra que valeu a pena. Que você fez ouro ao preço da minha dor. Que ao menos hoje, você sabe afagar. Viver. Aprendi a aceitação e a sublimação. E caminhei firme.

Cheguei cedo e estou com muita fome. Vim saciar a saudade que me sustenta. Aqui, posso ser criança. Posso ser adulto, e até rabugento, se assim quiser me posicionar. Vocês toleram a minha grandeza. Entendi como é a vida do atleta. Enquanto me defendo como posso, vocês me amam. Eu sei. Na disciplina, na superação, na obstinação vocês demonstram que me amam. Agora entendi o que importa e sou objetivo.

Eu vi você admitir enganos, engatilhar projetos, pessoas e metas. Semear ideias, intermediar conflitos, apaziguar os ânimos. Enfurecer-se. Entendi como é a vida do administrador, se equilibrando diante das surpresas, preparando orçamentos de alimentação, educação, manutenção. Férias. Aos meus olhos, você sempre foi capaz. Forte, poderoso. Com você aprendi como fazer.

No contraste das cores, vi alegria e movimento. Entendi como é a vida do cozinheiro. Na cebola, no alho, na pimenta, reconheci sentimentos, nas carnes, sua fortaleza. Nos doces, descobri sutileza e no café, a discrição. Um mago na manipulação de energias, fazendo ir e vir. Trabalhando com as mãos os nutrientes, que modelam a saúde, a silhueta, o comportamento, me ensinando como escolher.

A toalha é diferente, mas os pratos são os mesmos. A disposição está mudada, a sequencia foi alterada e o estopim se inflamou. Não adianta tomar água. Só o pão pode abrandar a pimenta: o pão nosso de cada dia, repartido para apaziguar o desconforto e o paladar me ensinou como é a vida do bombeiro. Aprendi como às vezes é preciso se esquecer de si próprio e buscar o outro. Você é todo dor e segue quebrando as barreiras, inflamando até o cerne, para alcançar a alma. Precisa sacudir muito até resgatar a essência e salvar o outro da morte em vida. Apimentar, para então apaziguar. Assim, aprendi a misericórdia.

Quanto pão é necessário? Quanta água é requerida? Quantos estão à mesa? Quais os cortes, somas e divisões para saciar a todos? Entendi como é a vida do contabilista. Não importa de quanto se dispõe, ao final é preciso fechar a conta, encontrar o equilíbrio e a resposta certa. Ou recomeçar tudo, até chegar lá, com perseverança.

Na entrada sempre havia flores e no banheiro, um discreto perfume. A mesa limpa, todos vestidos para aquele domingo a desvendar como é a vida do pintor, manejando a palheta para determinar predisposições, inaugurar sorrisos. Estabelecer um ambiente diferente propiciando outros temas, novas receitas. Abrindo as portas, encontrei a razão de sorrir.

Como o sal, para enobrecer. O que é o sal? Um conservante que carrega as tradições? Um sabor que entorpece, e valoriza a proteína? Para que o sal? Para ressaltar a vida, como um coreógrafo trabalhando para despertar os sentidos e tornar a vida mais bela. Mais leve e possível ao rodopiar em meio aos dias. Gesticulando por entre os personagens desse almoço, dessa família, dessa realidade que é a minha casa. Alterando o sentido de fazer a diferença.

Quem estende as mãos e traz as travessas? Quem dispõe dos talheres e serve o próximo? Porções equivalentes, nunca iguais. Somos tão diferentes. Mas almejamos o suficiente, o advogado e eu. Não se detém a justiça nas mãos, mas ele dispõe dos talheres para servi-la com palavras e nutrir os processos da verdade. A minha, a sua, a dele, o suficiente para que haja paz em meio à relatividade das certezas humanas.

O serviço e a servidão presenteiam os presentes, como em uma festa. Há rumores e discussões, um vai-e-vem que não cessa. Não cega. Basta observar como é a vida do garçom, que sorrindo determina o humor. Estendendo as mãos, estabelece as possibilidades. E manejando os talheres, oferece o que tem. No seu movimento, entendo a sua oferta que altera a minha trajetória e já não é mais só minha. Entrelaçados os gestos, vamos juntos. Quem faz, afeta, corrige e cria. Quem aceita, amplia. É a reciprocidade em ação.

Alguns são mais rápidos, numa velocidade sem pressa. Uma urgência sem conflito. Coisa de criança. Avançam no ritmo de quem sonha, de quem ainda acredita que é possível, que tudo pode ser feito. Com disposição de realizar, o escritor arquiteta histórias a partir de suas ideias. Utiliza-se de palavras para compor o clima, o ambiente, os personagens. Vive os fatos que inventa, e se apronta para gerar desdobramentos. Se você parar para assistir, chegará a novas constatações. A novas crenças e valores, quem sabe. Voltará a ter fôlego para correr. Disso é feita a infância.

Há tempo de observar e há tempo de escolher. Alguns preferem a fé, e dedicam seu tempo a semeá-la mais e mais, em todos os lugares a todos os momentos. Como um cientista, jamais desperdiçando um fato para comprovar seu relato. Cheio de certezas, necessita materializá-las com exemplos da natureza, com provas matemáticas. Faz de sua vida um sacerdócio na qual tudo em que acredita se torna argumento, debate, sustentação. E construção. Assim, aprendi a revolução.

Jamais desdenhe do poder da palavra. Do silêncio. Do gesto espontâneo, repetido e requisitado. Guerreiros, numa luta contra o desconhecimento. Contra a fome, contra a individualização do ser humano. A batata está viva: traz a energia de quem a preparou e os nutrientes da terra que a alimentou. Observei a vida do professor, repassando lições num mundo que tem pressa. Vendo no outro, o outro: mais um indivíduo que vale a pena, merecedor de sua palavra, de seu gesto, de seu trabalho. Eu vi essa guerra à mesa. Reconheci o momento. O ponto do alimento. Assim, compreendi o sentido do respeito.

Só vai à mesa o que encontramos no solo: o grão que acordou alimento; a folha que se fartou do orvalho; e a carne que fez o seu ciclo, para hoje fartar. O cardápio é a oferenda, a própria vida do agricultor. Entendi a importância da opção, a abnegação, o cuidado dia após dia. A cultura e a saúde, gerando a gama de opções futuras que, mais do que do acaso, dependem da semente do interesse e da dedicação. Como é bela a arte de cultivar.

De todos os participantes, a cada qual cabe um personagem. Quem assume a sua parte? Cada um com seus desejos, focados primeiramente na própria meta. Gravitando em torno dela enquanto almoçam, descansam, trabalham. Aquele é o ponto. Ironicamente, não passa disso: um ponto. Entendi como é a vida do dentista que, reconhecendo o seu ponto, se atem a ele. Numa órbita muda, se detém no que lhe concerne. Tratando do ponto, é o coadjuvante alheio que vai e vem. Mas se perpetua na própria cadeira, traduzindo nela a excelência de seu ofício. Com ele aprendi a responsabilidade. O detalhe, a rotina, o hábito, olhando antes de agir para reconhecer a situação. A mesa. O ponto.

No bolo, reconheci a família. Por mais que se viaje, por mais amigos que apareçam, o bolo tem sempre o seu lugar. Chegam e passam as dietas, a contenção de despesas, à família permanece a paisagem, a memória. Na hereditariedade dos gestos, somos a parte que pode fazer, trazer ou relegar o bolo. Neste jogo, o líder sou eu. Sou cereja. Tenho olhos para ver e vendo, posso analisar me colocando no contexto que me compete. É o meu momento. O jogo é meu. E a cada lance, assisto os desdobramentos. Da mãe, do pai, da tia. Essa vida é minha.

Apesar de todas as certezas, há os outros. A equipe em campo: morangos. De certa forma, somos todos morangos, nascemos grudados no mesmo sobrenome. Ou quase: atrelados a uma mesma herança. Permanecemos unidos por nossas crenças. Nossos medos. Nossa forma de agir. Disfarçados e machucados, mas onipresentes no amor. Nele, somos um. Mesmo a quilômetros de distância, passeando por outros jardins, andando em carros de marcas diferentes, assim é a onipresença. É o que há. A gelatina. Os valores incrustados na mente, moldados pelo mundo e a cultura em que vivemos.

Dependendo do compasso, a modelagem pode ser alterada. Tudo é relacionado aos passos estancados ou proeminentes. Quanto mais novas a gelatina e a vida, maior a flexibilidade, bem como a fragilidade. Por isso, é preciso cuidado com os ventos a que nos expomos.

A cautela satisfaz-se olhando. Precavida, é isso, uma questão de feijão no prato, louça no armário. Como alguém que já encontrou o seu lugar, se estabeleceu e não quer perdê-lo. Assiste a vida como se fosse um filme: é toda a emoção que se propõe a suportar.

A própria noção de métrica foi abolida, numa possível tradução da impulsividade, de alguém que carrega uma alma pronta para o treinamento, cheia de lacunas a preencher. Não discute quem quer ser grande. Admira o desconhecido. Menospreza o inesperado. Sente os sapatos novos nos pés e quer viajar, como se já estivesse pronto para voar.

Simples, lembra o amor, forte e direto por natureza. Porque o amor não se estabelece. Não tem lacunas. Aborda o mundo como o vento que passa e segue adiante. Responde à vida com uma atitude lúcida, clara, limpa. Está sempre em circulação, não junta poeira. Poderoso. Solitário. Perfeito na liderança. Pois para liderar, é preciso estar à frente. Antevendo e planejando, viver o futuro no presente. Não há ponto de parada, só necessidades a serem tratadas. E um horizonte imenso a conquistar.

Assim, entendi porque o mundo está sempre pronto para pensar, sacudindo as estruturas estabelecidas pela história: parar é morrer e o mundo é sopro, renovação da resposta. A oscilação é sua marcha, o equilíbrio seu destino. Quer transformar a vida daquele que, focado em si, desconhece o equilíbrio alheio e busca a superação. Indo ao fundo do quintal, abre o portão. Amplia o foco da observação. Vislumbra o contexto, cujo equilíbrio é diverso na visão individual. E se põe a buscá-lo.

Nessa atmosfera me formei: envolto nessa energia que fala, domina o ar e materializa o que já existe na mente. Procurando em outras vidas a ressonância necessária para revolucionar, saindo de si, integrando-se ao mundo. Escala a montanha, escuta a meditação. Quem sabe ouvir? O tempo ensina a pensar como o universo, argumentar com a vida, não desprezar as sugestões que o mundo lhe traz. Em paz.

Hoje eu sei. A paz anda com a oração, a verdadeira escada que leva ao cume, degrau por degrau. Quando se subiu o suficiente, cada qual no seu tempo esquadrinha os personagens no desenho da vida.

Sou um profissional de sucesso. Na convivência em família, apreendi o mundo e seus personagens. Conheci a admiração e o desprezo, a alegria e o desespero, a dor e a saúde. As palavras que funcionam, o que não fazer. Fui educado no colo. Na mesa. Na sala. Hoje, sou respeitado pelos meus colegas. As pessoas têm reconhecido meu valor. Em geral, a vida tem recompensado meus esforços. Tenho encontrado o necessário para desenhar o meu tabuleiro. Tive mãe, pai, irmãos, avós, tios e tias. Alguns não vieram no formato exato, mas eu já aprendera a jogar. Busquei no jornaleiro, na arrumadeira, na professora, os exemplos que não estavam à mesa. Com a autoridade natural da infância, manipulei os dados e preenchi os espaços. O emprego das lembranças é automático, tão natural que, às vezes, nem percebo quão valioso foi o treinamento. Aceito o outro e o erro. Se há falhas, tento novamente até acontecer. E quando realmente quero algo, consigo.

Respostas de um jogador

Intermediário

Por séculos, a humanidade lutou para suprir suas necessidades. Era difícil ser nobre e delicado quando se tinha fome, mas mesmo assim as engrenagens giraram. O sucesso nasceu do querer determinado. A persistência em atingir um objetivo transformou o mundo. O homem preparou a casa, proveu para os seus fazendo o que era possível, até dar-se conta de que, mesmo não atingindo todas suas metas, haviam realizado coisas admiráveis. Buscara. Vencera obstáculos. Fora além do necessário e do possível. Já podia sorrir.

Os primeiros mestres da humanidade foram seus pés, suas mãos, seus olhos. Cada qual aprendendo com a própria sensação, de acordo com sua natureza. Mais à frente, descreveram os sentimentos e surgiram as artes confrontando a ciência, as coisas como eram, para propor sua identidade. Seu modo de ver a vida expôs a própria personalidade da mesma maneira que um beijo expõe a alma. Primeiramente para agradar, depois para elevar. Até o dia em que os homens souberam ver no mal o bem que havia, ali, libertos se abraçaram, o mal gerara o bem. Como as flores nascidas no caminho da vida para suavizá-lo, arte e beijo elucidaram, para quem quis aprender, a arte de bem viver.

Muitas vezes escutei o vento. Não sabia de onde ele vinha, o que havia feito, o quanto havia assistido. Senti-me nascendo. Diante das maiores angústias, tudo me pareceu tão pequeno perante a alma. A minha alma, a quem o vento servia. Tive vontade de brindar à lembrança que o vento despertou, à eterna novidade do mundo, à desimportância da dor. E sair para servir, revelar pensamentos, fazê-los viver. Agradeci a Deus a luminosidade das estrelas se interpondo entre o sentir e as coisas, a beleza do mundo mediando conclusões no coração dos homens. Compreendi para que prudência, na prática do amor e da sabedoria.

Nessa trajetória, nem sempre a palavra teve som. A ciência assumiu muitas faces. Sob muitas fisionomias, as doutrinas mostraram o nariz. A filosofia esmiuçou o silêncio, capturou o oculto e instalou a curiosidade na sala.

Avivadas as mentes, enfrentaram as doutrinas com a memória e a imaginação. Quando ouviram o coração em sua profunda simplicidade, impressionaram-se. Os rastros das palavras determinaram o humor da humanidade que abrigou o conhecimento, até o sucesso.

Vivendo bem, ri muitas vezes. Conquistei respeito. Entrevendo o infortúnio, tratei-o como um degrau, lamentando-me eu prossegui. Salvei a alma, que só enxergava o abismo. Quantas caíram e se machucaram, e mesmo assim, jamais deixaram de apreciar a beleza, retribuindo ao mundo com gratidão e flores? As mais belas, buscando o melhor nos outros, deram o melhor de si e estancaram as lágrimas da idade, ampararam velhos e crianças, pois nem todos os inventários são bem aceitos. Alguns pedaços ficaram pela estrada. Eu fui inteiro nas pegadas, nas palavras, nas sementes que distribuí, e hoje tenho lembranças, carregadas do que fui, fiz e semeei.

Se houvesse espelhos, seriam testemunhas das imagens que aparentaram, do que permitiram que fosse visto. Mas poucos souberam o que realmente eram apesar das pistas que havia no outro, na completude alcançada junto aos amigos. O que não se tinha, buscava-se no outro. No pensamento. Na poesia ou na canção. Buscaram alegria, quando eles eram tristeza. Esperança, pois só sentiam dor. Rosa do espinho ou espinho da rosa. Quem teria possuído quem, produzindo o poder, a desgraça, a linhaça da qual se fez a vida? Houve o tempo em que o espelho mostrou, mas depois tombou, pois sabia demais.

Viver era a questão. Para que existir? Às vezes, bastava que os dias se apresentassem e que o capital se depositasse, pois o tempo era o verdadeiro capital. Perdê-lo era estragar a vida com a ociosidade, que se ocupava de matar o tempo ou gastá-lo, para prolongá-lo sem perceber que o tempo é que nos mata a partir de certo ponto. Não havia volta, era preciso ceder àquela fome de fazer e entender. E amadurecer.

Ao respeitar o erro eu me fortaleci. Encontrei a verdade dos passos nos rastros da ciência, que ironia, composta de enganos. Que agrupados e transformados, delinearam a escalada para o mais forte, o que realmente importava, numa passagem em que tudo, todos os passos, são etapas superadas. Passo a passo superando o que já se sabia com um novo saber, ampliei os horizontes enquanto desmentia os degraus, as verdades ultrapassadas.

Vi as certezas reduzidas a nada liberando a humanidade de seus enganos e plantando desertos. Espaços imensos a serem descobertos por novas águas no contínuo jogo de superação da morte por uma nova forma de vida.

A liberdade disforme e flexível renovou as realidades com seu aroma forte, anunciando o movimento e o sentimento de vida por todos os lados. Quantas vezes os homens atravessaram esse deserto? Quantas civilizações, religiões e revoluções atormentaram a ordem e restabeleceram a plenitude? Jamais estivemos sozinhos, os passos e seus proprietários. Enfrentando a surpresa, os homens e o mar, tentando o que parecia impossível, eu realizei o possível: fui um forte correspondendo ao mundo.

Nem tudo eu compreendi, não era o tempo. Admirado, assisti o desenvolvimento que brotou dos sentidos e se alojou na inteligência. E como música flutuante e divina da natureza, encantou as almas e as elevou. Despertas pela admiração, e já então transformadas pela atmosfera energizada, incompatíveis com o ócio, alguns compreenderam. Fez-se tempo de agir para os espíritos ligeiros, senhores da própria vontade, guiados pela consciência.

Superiores aos rumores, amados em si, esses homens causaram ódio. Onde não se conhece o alicerce do amor, não reina a compaixão. Que não mata, não sacrifica nem extermina. Só o amor é todo feito de misericórdia e beleza. Como pensar numa razão de ser quando tudo é rígido, sem beleza e cruel? Com personalidade e postura, o amor se fez pimenta para que outros pudessem levantar-se e seguir.

Vivi, talvez, criando sempre. Agi com inteligência para construir o que já havia sonhado. Não me importei com a condição. O fato exigia ação. Afinal, de que valeu a condição se a ação não aproveitou a ocasião? Os castelos não foram feitos de medo, nem os jardins de hesitação.

A inspiração multiplicou a agitação, partilhou a possibilidade e o prazer pela procura. De mãos dadas com a humanidade e seus destinos esculpidos pela dor, o amor facilitou a passagem. Dando luz favorável à paisagem, preferiu emanar esperança e dar chance à beleza. A memória do bom e do bem foi chamada dignidade e seu legado, o segredo que, entendido em toda sua extensão, contaminou a terra com a moral que sacia e liberta.

Assim eu sobrevivi. Aprendi que um homem com fome não é um homem livre. A carência se infiltra no corpo, depois na mente, até que a alma duvide e se cale, e a existência definhe. Os grandes homens foram prudentes, conheciam o mecanismo. Souberam servir-se, reconhecendo nos fatos os professores e, maiores que as lições, sua sabedoria. Constrangidos ao jogo, observaram as cartas embaralhadas pelo destino, dispuseram-nas a seu favor. Decidiram o próximo movimento e içaram velas. Sabiam para onde ir. Começaram por si, nos pequenos atos de cada dia. Aguardavam o vento perfilando o caráter, construindo o hábito, até divisar a estrada que não se vê: constata-se. O poder de seu movimento virou o mundo. E iniciou-se num prato.

Satisfeitos, adormeceram. O sono os devolvia à inocência. Com semblante de criança, depositaram as armas. Sábia defesa da impotência. Todo seu valor oculto, adormecido e latente. O que sucede de sagrado, na aparente impotência de quem adormece? Novamente, havia uma criança no jogo percebendo a magia, observando as disposições naturais sem recorrer à força, como ocorrera na infância. Novamente, a chance de olhar e identificar talentos educados no silêncio, nos exemplos.

Nesse momento, eu pude descobrir com quanta alegria, com quanto amor fui guarnecida, quão alto estava apta a chegar. Eu, uma guerreira, meu caráter prestes a se revelar na torrente do mundo. A impaciência me despertou. Roubou-me do paraíso. E pela mesma impaciência, não consegui voltar. Foi preciso crescer e dominar os anseios.

O instinto nos livrou de interesses cadentes. Comédias e dramas, conclusões personificadas. Restou a fé, impedindo que nos petrificássemos por nossas próprias ideias formadas das coisas. Elevando-se, os povos dispensaram as alternativas numa ausência de movimentos e ajoelharam ao fundo, misteriosos em si mesmos. Dali os homens se reconciliaram com a vida, com as afeições individuais, e transbordaram em direção às solidariedades coletivas. A família, a nação, a humanidade. Enfim, uma vitória da fé.

Nessa jornada, existiram muitos guerreiros. Desenvolveram a elegância do pensamento e a persuasão para arregimentar forças e lidar com as questões de cada dia. Empenharam-se em seus objetivos sem se descuidarem da celebração e dos resultados. Desenvolveram uma métrica para o temor, e a chamaram coragem. Eu a utilizei em meio à paciência e à humildade. Desprezei as correntes e sonhei o mundo.

Nada foi desperdiçado. Tudo contribuiu para determinar o cardápio. Nunca foi sensato eliminar todas as combinações, pois sem horizonte, não há o que perder, a sensação é de nada ter. Melhor, eu aprendi, dispor do prato.

Antes descontentes e forçados, foi preferível saciar

a necessidade, e tantas vezes, a ambição de um homem, de uma nação. O importante era arregimentar os povos com o sentimento de que puderam optar pelo que havia de melhor, todos em camadas numa luta renhida, um pedaço de bolo, com seus príncipes e classes. O resto era a sombra do que estava alheio. E assim seguiram amparados na massa, nas comunidades. Até o próximo lance.

Mas a fortuna se cansa de repousar sempre nos mesmos bolsos. Realizar os mesmos trajetos, aquiescer às mesmas leis, estacionar. Olhando para trás, quem era cereja compreendeu como enfrentar as leis humanas. Mas não pôde renegar as leis naturais, que a levaram no dorso até o topo. Para que valesse a pena, foi preciso viver tudo que isso compreendia e até na morte, reconhecer a natureza, companheira.

Cheia de lentes, a natureza era colorida. Quantas vezes tratou por verdade o que só era suspeita? Encerrou na grandeza quem o porte não comportava e agigantou fatos? Mas as perspectivas se alteraram e a luz entrou. Semelhantes mas desiguais, harmonizados como a infância, morangos e folhas, a diferença desencadeou os fatos. Progresso e moral proliferaram. Como não perdoar as controvérsias que admitiram a luz? Tragédia só houve onde o medo a bloqueou. Só houve brilho e fulgor onde a caridade imperou.

Sob a luz das ideias, algo se salvou. Compreendi o sentido, fui parte, não me consternei com o brilho. Senti a grandeza em meio às multidões, na independência das decisões mantive-me simples. Como a gelatina em sua doçura perfeita, pude ver a humanidade limpa, seus ideais, propícia à vida.

Uma vida que se mostrou bela. Homens propensos às emoções, suscetíveis às paixões, cuja essência foi capaz de captar e, com ela, permear os relacionamentos. Tratando os outros como se fossem o que poderiam ser, os fizeram acreditar. Vieram músicas, telas, os poemas. Tornaram real o que era apenas potencial. O respeito, a gentileza. Com a beleza, valorizaram existências, salvaram vidas. Essa faculdade não envelheceu.

Essa grandeza nem sempre foi entendida, pois ser grande é ser só, é da sua estirpe. Talvez por isso, caminhei sempre inteira e ao sentir suas comoções, não aumentei nem excluí. Reconheci no êxito alheio a tonalidade do poder, e aplaudi. Maior se fez aquele que, ao merecer honras, nem sempre a recebeu. Seu valor vingou, nem o tempo contestou. Simplesmente fortaleceu o que já havia se consumado.

Pessoas incomparáveis, momentos inesquecíveis,

fatos inexplicáveis, sua força pronunciada, quanto ainda não nos coube desvendar. Talvez se tivéssemos escutado mais. Atendido ao próprio chamado, procurado dentro dos armários ao invés de segregá-lo às sombras, teríamos ouvido a resposta, e nos libertado da busca no outro. O poder de elucidar-nos na solidão estava em nós. Menosprezamos o ardor da alma, insistimos em abafar seu ruído. Quem conheceu esta arte, atravessou a dor e dispensou muitos contratempos.

Abandonei algumas roupas cuja forma já não condizia com as ideias que habitavam meu corpo ao atravessar a vida. Meus sentimentos, os lugares que visitei, meus preconceitos foram repensados e solucionados. Abandonei o medo do não visitado e naveguei. Saí da margem e adotei o instinto por leme. Vislumbrei o outro lado e então, me encontrei.

O raciocínio alterou o curso, pois percebeu o movimento e, genial ou louco, perpetuou a mudança. Enfrentou as tempestades, determinou o tempo, extravasou. Com sabedoria escolheu, modificou o mundo de acordo com o seu, suas nuances. Intimamente calmo e pronto, o ano novo nasceu, sem os erros do que se ia.

Fazendo uso do verbo, calaram-se os anos. Couberam ao silêncio as mais cruéis mentiras como último recurso nas batalhas em que as palavras falharam. O pensamento dominou a minoria, não o suficiente para oxigenar a maioria. Convocou-se a inocência, a pureza manifestou-se. Anos, décadas e séculos se passaram e a humanidade suportou. Nem sempre houve voz, o silêncio calando o que a palavra não sabia transportar. Mas por querer, o homem sobreviveu.

Distanciando-se do desejado, os homens puderam analisá-lo. Alguns sonhos queimaram como fogueiras, outros tantos foram viabilizados. Tenacidade, tolerância, sagacidade: empregadas com afinco geraram frutos da ação, consumidos à sombra dos obstáculos.

A boa vontade foi o poderoso transporte da intuição suscitando estudos que geraram conceitos e culminaram em obras. Nobres guerreiros produziram o passado com suas armas valiosas e aqui deixaram seus brasões. A glória desses grandes espíritos não passou, quer ser ouvida. Insiste na humanidade e a quer despertar a qualquer gesto inadequado. Sabem que o ataque à vida recai sobre o próprio autor, pois ao prejudicar o outro, é a si que subtrai a essência grandiosa da humanidade.

A história, as artes e os sonhos jamais deixaram de nos inflar, se apoderar dos sentidos revelando a existência de uma vida além de nossos corpos. Quanto mais fiéis a nós mesmos, maior o sucesso que usufruímos; quanto mais observamos estrelas, maior nossa compreensão do muito que ainda não foi feito. Há uma lei moral dentro de nós para nos lembrarmos de que quanto mais alto voamos, menores parecemos aos olhos dos que permanecem na terra, na vida, no domingo que já passou.

Não sou apenas uma visão, estou na sua mesa. Sou a família que se sentou, se alimentou e se aproximou. Sou o domingo passado, a tia que não veio, o pai que gritou. Caminho percorrido, eu sou o fato consumado. A enciclopédia, a sabedoria, o conhecimento dos antigos. Vivo nos mestres do passado pronto para te ajudar a entender e transcender. Sou a ciência comprovada, os conflitos resolvidos, as discussões terminadas. No silêncio do livro lido, na beleza do museu, nas palavras do filme assistido estou falando com você.

Não sou a novidade, sou a resposta. Disposta em diversas civilizações e doutrinas, conheci teu passado. Sei de onde vieram as suas crenças, os seus temores e a história do seu amor. Pela sua família você chegou e agora, o jogo está em suas mãos. Não me cabe determinar o lance, mas posso te mostrar como chegar se você souber o que deseja. Não importa o valor dos dados, reconheço todos os lados. No seu tabuleiro, sou parceiro, mão amiga.

Ombro. Pode subir que será apoiado.

Respostas de um jogador Avançado

O sorriso denunciará o ser humano na semente germinada. Retribuirá a salvação do beijo com seus braços e olhos, com a boa vontade de quem descobriu a vida e quer acontecer.

Minha alma adolescente traz à tona a consciência da capacidade de realizar e a vontade de festejar. Servir, brindar e agradecer a Deus pela esperança de resolver, uma sensação alegre e confiante que sentirei sempre ao olhar para o céu. Agarrarei você e me libertarei de tudo que não for autentico, meu vocabulário é o amor e meu triunfo será viver.

Determinarei o humor, saberei ouvir o tom, enxergar as palavras e escolher o tema. Veja, sinta nossa transpiração, podemos manejar as palavras e como maestros versarmos na linguagem da alma. Podemos liberar o ar e agarrar outra perspectiva. A empatia trocando nossos lugares, ela libertará a essência e nos fará saber tudo que vale a pena.

Abençoá-los, os rastros, como os reconhecer? Apesar das controvérsias, dos seus valores e dos meus desejos, a coragem nos despertará, dia após dia, compareceremos aos empates e essa será a glória do nosso destino. No espelho, haverá pistas por onde começar, o que recolher e transformar. Com franqueza, qual a minha meta?

Juntos, podemos nos apoiar, ter misericórdia por quem fomos e seguirmos. Vou te sacudir, despertarei sua gana com toda a força até que se sinta tão amado que só possa reagir, retribuindo. A pessoa que se sente amada está pronta para lutar pelo que é belo, pela prosperidade. A felicidade é real, nossas visões diversas do universo.

Nossas abordagens contribuirão para que todas as formas de arte concretizem a novidade na realidade. Num mundo que reflita seus anseios, a humanidade se sentirá incluída. Com a mesma família, a mesma casa, as mesmas condições financeiras, talvez, mais adequadas, porém, quando se percebe que somos normais, ele e eu, competentes, eles e nós, e poderosos.

Conectados a Deus, nos tornamos fortes.

Subiremos mais alto, quantas vezes forem necessárias quando quisermos respostas. Longe da nostalgia do passado e da esperança de um futuro, na única dimensão do tempo em que estamos prontos para a reconciliação. Em um presente resoluto, podemos desafiar o destino e ajustar o passo para abrir espaço. Ser energia ambulante e incandescer as almas.

Como uma fagulha, posso influir no ambiente circundante com ondas de paz e otimismo, num ciclo virtuoso de respeito e satisfação. Ou predispor as pessoas à opressão e à guerra. Não há futuro sem lacunas nem sucesso na dúvida. Quero inflamar os ânimos e ser pimenta.

Vermelha e malagueta é o sabor da luta, de certos comportamentos que libertam vidas e distribuem dignidade. Com solidariedade, antagoniza-se a crueldade. Com gentileza harmoniza-se o que era apenas rispidez. Com família, preenchem-se lacunas da individualidade. Sem que haja alarde, é possível saciar quem tem dúvidas, monopolizar os paladares e servir a paz.

Onde pudermos ensinar ou aprender, poderemos nos tornar necessários. Ajudar ou receber ajuda, qual é a diferença no jogo? Peculiar o sucesso dessa estratégia em que ao aprender ensinando, realiza-se o que, sozinho, não foi possível concretizar.

Em alguns idiomas, ensinar e aprender são a mesma palavra. Será que ao ampliar o bem-estar comum, avançam em direção ao que ainda nem imaginei? Terão descoberto que ao se libertarem da solidão do individualismo, são capazes de agregar sonhos a projetos viáveis? É nesse futuro que pretendo me ater.

Após toda a exaltação do individualismo, pretendo inaugurar sorrisos com profundidade frente à negação de certas crenças estabelecidas. O caso é urgente. Como saber em que confiar? Acredito, a solução está na família. Seu peso sobre os integrantes é imenso apesar de todas as contribuições da modernidade.

Uma família, estruturada sobre o respeito, possui os valores necessários a todos os segmentos da sociedade. O respeito mútuo restaura a autoconfiança, norteia limites. E a solidez nas atitudes impõe-se aos ambientes como uma base psicológica promissora, algo em que confiar. Sua influência determina os humores, salta às ruas, faz novos amigos.

Da historia secular emana o valor fundamental da família como elo social, e o bom jogador o reconhece, pois ele quer sal, cebola e alho. Quer significados. Uma estrutura sólida para suas verdades, princípios pelos quais se empenhar. Com o arrefecimento do rigor, surgiu o casamento por amor, tirando da família a posição de finalidade para transformá-la em estilo de vida. Uma novidade que exige cuidados, constantes reciprocidades e a autenticidade entre os casais.

Talvez por essa razão, ali se encontram relações hoje negadas em outras camadas da sociedade, exauridas pela competição e concorrência desenfreadas. O sal se refugiou no seio das famílias.

Apesar de suas muitas receitas viciadas, ali é possível estabelecer valores que transcendem as necessidades básicas de subsistência, como a cumplicidade, a solidariedade, o companheirismo. Só quando esse é o tom da relação, faz sentido introduzir temperos picantes, discutir vitória, liderança, felicidade. E respeitosamente, servir-se com franqueza.

Diante da bagagem acumulada pelo sucesso e a historia, motivações e movimentos aproximam os personagens. São tão claros os desejos, as certezas, as necessidades dos personagens. Todos com as mesmas preocupações, alegrias, dificuldades que, ingenuamente, acreditamos exclusivamente nossos. Mas são verdades coletivas: pais amam seus filhos, e os filhos seus pais. Num exercício de reciprocidade, como deve ser a educação.

A angústia dos pais em relação ao futuro dos filhos é uma bússola. Aplicada ao contexto social, é a matéria-prima para metas e atitudes responsáveis. Ser generoso, lúcido, ponderado começa no exemplo, no almoço de domingo, pois nunca, como hoje, foi permitido amar em família.

Limpar é o movimento. E iluminar, enquanto a sociedade se contradiz. De um lado, fomenta a novidade e o sucesso. Do outro, lamenta o declínio de seus valores. No contraponto, podemos enxergar e inovar. Amenos, utilizar o tempo, corretos. Quero entender o teu valor, sua corrida, a política, a minha saúde e nunca deixar de ser como criança. Pois é diante daqueles que amamos que podemos abandonar o que fomos e crescer. Voltar para o colo em segurança e recuperar o sentido da existência.

Filhos feitos no amor serão uma das condições mais seguras de cura para a sociedade. A criança não inventa o que é certo, a beleza, o amor. Ela os descobre, como algo que a ultrapassa, que lhe é concedido sem que possa identificar a razão, quase um mistério a ser assimilado. Fincar certezas latentes nesses pequenos, daquelas que se repete dormindo, consiste em gerar, automaticamente, a ação da próxima geração.

Essa criança pode salvar o mundo. Erradicar doenças e libertar-nos do medo ao dar corpo a ideias diferentes, reproduzindo de forma objetiva o comportamento aprendido, os ideais que a cercaram no berço numa frequência ascendente, até pode revolucionar o jogo.

Este é o meu time. Posso colocar fé na família, reconhecendo nela a centelha da criação e viver com essa predisposição. Quero compartilhar experiências, o isolamento é nocivo. Quando se instala, corrói a autoestima e suga o sucesso na falta de convivência com a família escalada pelo Criador.

Por maior a inteligência e as habilidades, serão sempre uma parte da sabedoria do Criador, que permitiu-nos o jogo e determinou os times perfeitos, para a função a que se destinam. Cercado por meu universo privado, às vezes esqueço que o jogo está em andamento e todos os jogadores precisam aceitar. transformar e superar. Há tantos exemplos.

Veja as mulheres. Sua experiência histórica se baseia no cuidado da família, o que socialmente a elas coube. Hoje, a habilidade adquirida é uma busca universal: saber enxergar, moldar personalidades, gerenciar pessoas. Numa convivência saudável, promissora, fomentar o engajamento e projetar a importância da ética na alma dos homens, seus filhos. Fortalecendo, ao mesmo tempo, a individualidade e o serviço, o cuidado do outro e as metas coletivas. Tudo isso as mulheres vêm fazendo, há séculos. Os parâmetros são bons, mas onde está o equilíbrio entre luta e satisfação?

Por que tornar penoso alcançar o sucesso, se é esse o valor inapreciável de uma existência? Preciso conviver com o silêncio após empunhar o guerreiro num mundo que não é só meu. Suas razões e motivações, o silêncio sempre mudará a perspectiva do que se sabe, do que se vê. Descansar, restaurar as forças exauridas e então escutar as vozes do meu ambiente. O sucesso da vida não é o sucesso na vida.

O sucesso é olhar e entender. Ao pensar, planejar e então, realizar. No coração, no lar, no mundo, nunca mais as coisas serão como já foram. Por que aguardar o próximo balancete para degustar o sabor da vitória? Quero ultrapassar o dinheiro acumulado, a intenção, eu quero temperar o prato que será o amanhã.

Cozinhar com dedicação é uma profunda forma de doação: a força de trabalho, energia e tempo. A abnegação. O deleite à mesa. Gostar do que o mundo nos oferece é outra história, as opções estão postas e o amor está servido. Com sabedoria não desprezarei nenhum tipo. Venha de quem vier, desde que genuíno, amar te mantém de pé como a coluna vertebral, os carboidratos e proteínas. Paixão e orgulho não entendem do assunto, mas eu sei o que me faz bem em qualquer cardápio, perante qualquer doutrina.

Encaixando meus talentos e sonhos, posso aplanar meu caminho, deixar os sonhos do mundo nos bolsos do outro seguindo meu destino mais leve, rejuvenescida. Ao poupar energia, poderei despertar o melhor de mim, praticar esportes com disponibilidade para o que é belo e prazeroso. Fortalecida, cruzarei a sala e dominarei os olhares. Eu quero ser o bolo.

Distinguida pela minha grandeza e imperfeição, eu distribuirei cadeiras e receberei os que chegarem com muito creme para que sintam o aconchego. Se houver envergadura para encarar o ser humano por trás do jogador, além de seus vínculos sociais, sua etnia, religião, cultura e laços comunitários, nos reconhecerão como iguais.

No tabuleiro, agruparei os morangos, aceitarei cerejas, enfeitarei a massa, em respeito ao direito de merecer inerente a cada nascimento. Disto é feita a imortalidade dos grandes líderes da humanidade. Assim despontam, cerejas.

Quando me cansar ou titubear, poderei me integrar à comunidade, viver a irmandade dos morangos. Pois como iguais, nossas dores nos parecem quase normais. Assim, carregaremos o fardo com a consciência de que o peso nos ombros é semelhante, e nosso próximo, mesmo assim, caminha. Lado a lado, ao escolhermos a consistência dominaremos a arte da persistência. Como é fascinante a pureza, firme e determinada.

Quero explorar a essência de existir como a pureza da gelatina, ao derreter na boca, delega ao paladar contemplar o sabor, abraçar a consistência, e aprender a persistência. Quero fugir da armadilha de uma existência infeliz por me agarrar ao que precisa ceder, e aplacar de vez o medo de ser feliz. Na terra e no céu. Abraçar e contemplar. Um instante de cada vez.

Esperando um pouco menos e amando um pouco mais, aceitarei a luta e serei merecedor. Se deixar aos outros os meus sonhos, será necessário que cheguem ao mesmo sonho, exatamente, para então, realizá-lo. O que torna muito mais difícil materializá-lo. Mas eu posso parar de lamentar a ausência do que não tenho e de quem não veio; e amar o que já tenho na presença dos que chegaram. Ao invés de uma espera interminável pelos retardatários, prefiro assumir o espetáculo com as próprias mãos, e talvez assim, satisfazer quem olha por mim.

Quero ultrapassar a maneira viciada com que se olha a família para sermos grandes. Desvendar o poder dos que nos prendem a si com habilidade, incitando-nos a fazer e ir sem jamais deixar o lar. Se compreender o que vir, não será mais necessário repetir os padrões, nos tornarmos nossos pais. Eles já caminharam por essa trilha, já descobriram o que há, todos sabem o final desse trajeto. Não precisará ser sempre assim.

Existências em permanente estado de autoflagelação esperam por novas alternativas, uma solução para a inanição, como dizer não à depressão. Tantas críticas e negações. Prefiro transformar o que desdenhar. Posso lançar mão dos ensinamentos da história e das práticas da vida moderna, de nossos sentimentos e habilidades e elaborar um final mais feliz.

Eu quero ter casa, seu colo, uma palavra de ordem. Percebo a força intrínseca que nos cerca, mas quero olhar para fora, além do quintal, do meu corpo, dos limites da cidade. Essa abordagem é simples, usar a inteligência proporcionando entendimento ao trabalho, à comunidade, à política, ao planeta. Se eu partir, poderei reproduzir lá fora o que já existe em pensamento. Vocês me ensinaram a ser mais.

Pelo nosso bem-estar, aceitarei certa dose de solidão. Faz parte da liderança que não exclui, só norteia, detonando as dúvidas. A beleza da inovação está em se deixar observar enquanto faz e apoia, angariando confiança para pensar.

Assim o mundo se apronta, lançando alicerces, ao analisar as próprias certezas. Quanto de vida vale a meta? Quanto de tempo merece o sonho? Esse é o preço a ser colocado no outro prato da balança. A concretização da minha meta será meu troféu. Estou pronta para determinar o rumo e seguir à frente.

Com os próprios pés, escalarei escada, montanha, destino. Levarei na bagagem, junto a sonhos e lembranças, as palavras. Ditas e consolidadas, abafadas e mortas antes de nascerem, estrategicamente pensadas para dominar o ar, todas me ensinaram a subir. As palavras marcarão a trilha, não importa em que dimensão se caminhe, para que se possa voltar quando o entendimento possibilitar a convivência, num eterno ir e vir de possibilidades. Afinal, para que serve a montanha? O cantinho do quintal? A caminhada até a exaustão?

Para ouvir a resposta. Para impedir que um momento paralise a vida, que se perca de vez a oportunidade à sua frente, que se esqueça da paz enfiada no bolso. Para que segurar o voo e não fazer o mundo? Como se transformar em paisagem, se essa é a minha historia? Tenho essência de personagem.

Irei além das respostas nesse jogo em que o amor é o dado. A cada jogada, os valores da humanidade se solidificarão. Minha estratégia será a consciência de direitos e deveres perante a vida. Ao acessar com respeito o conhecimento já disposto, meu tabuleiro ultrapassará meu corpo e meu mundo chegará até você.

Poderemos sentar à mesa, prestigiarmos o momento com nossa adolescência, soltar nossas crianças, capturar o conhecimento dos pais, sedimentar as ideias. Afinal, somos a família que acordará no próximo domingo numa sociedade que comparecerá ao almoço. Conscientes, determinaremos o cardápio da humanidade numa cidadania baseada na ação. Como fazem os líderes do próprio destino, planejaremos os domingos que virão. Afinal, somos o amanhã.

Cozinhar para você

Adoro cozinhar para você. Escolher ingredientes e os misturar. Pensando em você. Uso ervas, frutas e pudores. Os segredos da terra: sabedoria, suas plantas, sabores. As mãos viajam sem mapa algum, embebendo o dia em manteiga, leite e exercícios. É místico, divino, aguça os sentidos. Aprendo novos caminhos, e torno outros melhores. A receita que preparo se torna mais saborosa. Para você, que sei, gosta do belo. Veja as minhas artérias: nelas, há mais do que sangue. Há esperança.

Vão-se as unhas, os cheiros vêm. Cebola, tomates e alho. As mãos no trabalho se aquecem, sem trégua. A alma também. É preciso pressa, para chegar-se ao ponto. Atenção, senão passa. O amor não. Está impregnado na existência. Na vibração do prazer, ligo o som e penso em você. Música, trabalho, energia e amor. Como é linda uma manhã de esperança. Sem mitos, sem moda, liberta e entregue.

Muitos itens. Muitas cores. Vou e volto. São tomates molhando a panela, louças preparando a mesa e música embalando o primor, que salta ao rumor de meu coração. Volto à mente repleta, cortando com a mão, no formato exato. Fazer é fundamental. A proteína justifica o dom, o talento, a capacidade do alimento. Disposto na vida e na bandeja. Agir rejuvenesce. Um pequeno corte, o sangue escorrendo, como um aviso. Logo estanca.

Devem ser constantes o teor, o sabor e o frescor. Quero abrir sua boca, nariz e olhos. Com simplicidade, sem rodeios. Sem esconderijos para a verdade. Não se assombre.

Quero embriagar de sagacidade a vida pulsante que nos aguarda. Despertar as palavras não proferidas, os fatos não acontecidos. Encher de sonhos o seu prato e de nutrientes o seu organismo. Ao som de muita música.

É preciso ser consistente no molho, saboroso e vistoso. Como a água de que somos feitos. Muita água. Na transparência, o brilho de quem descobriu que ama, e como o molho, colore as ruas, corre mundo fazendo filhos. Liberto e poderoso, transforma e acompanha. É meu glamour para você.

Há que ter-se arroz. Básico ou luxuoso, com champanhe, açafrão ou castanhas. Tem que ter verde. E queijo, manga e azeite. Claro, escuro, e bonito. Para você gostar de comer e se entregar. Deleitar os sentidos: odores, ponto, consistência. Nosso primeiro encontro.

Escolho o ponto e preparo a mesa. Talheres, travessas e pratos. Entre beijo e boca, sirvo à mesa. É o momento de entreabrir os olhos, antes que tudo se esgote. Antes que fuja o apetite de vitória. Que a segurança vença a vontade, inaugurando paz, paixão e curiosidade. E aquele seu olhar.

Adoro seu olhar. Nesse limiar, tenho a certeza de que poderia recomeçar tudo. Desde o primeiro momento. Eu amo você. Adoro almoçar com você. Eu amo amar você. E quem conhece o amor, já não pertence a este mundo. O amor enraíza um traço não conformista, porém afável, que se manifesta em confiança interna. Jamais em arrogância. E nos inclui entre os donos do mundo. Discretos. Sabem que terão o que quiserem. E velam pelo que não almejam. Não se lambuze...

Ao fim da semana, vem mais um domingo. Quero convidá-lo a almoçar comigo, acordar diferente, num outro domingo. Mais desperto, mais lúcido e sonoro, se você me aceitar. Trarei o tabuleiro e te desafiarei. Você pode escolher o cenário, a temperatura, os participantes. Trarei cotonetes para os ouvidos e colírio para os olhos.

Como medida de precaução, chicletes para as bocas que não conseguem parar. Um pouco de chá de camomila, caso ocorram grandes emoções.

Quero vê-lo pegar jabuticabas com as mãos. Enchê-las, olhar para elas. Vê-las como possibilidades. E agir. Jogá-las ao ar. Lançá-las contra o vento. Ou a seu favor. Escrever a trajetória que você escolher. Agarrar a vida. Vivê-la. Jogar seus dados.

Vou ajudar você a concentrar no que é importante. Atingir as próprias metas transforma o ser humano, o aproxima da imortalidade através de suas realizações enquanto o afasta daqueles com quem caminha. Estes são o hoje, enquanto já se vive o que o futuro trará. Está pronto para experimentar? Que tal um café?

Na vida e no mundo, vou buscar o sabor. Não dá para dispensar o carinho, o abraço, o sorriso. E as batatas, tudo autêntico e simples. Simplicidade não é descaso, ela é limpa, cristalina e fundamental. O descaso é a opção pela impotência.

Vou lembrá-lo das regras e acompanhar você. Não se preocupe com o que vou pensar. Ser entendido por todos ou por ninguém: que diferença pode haver entre essas duas missões impossíveis? Liberdade e individualismo: duas faces de uma mesma moeda, que alimenta a imaginação e possibilita a criatividade, liberta a consciência do que é possível. Voar. Mesmo que todos que amamos continuem andando. Ficam os passos. Permanece o amor.

Darei a você o meu melhor. Na vida e na mesa. Por mim. Por meu desejo de ver crescer os meus. Humildemente, confie. A autoconfiança e a humildade, juntas, produzem revoluções. Delicadas e emblemáticas, alteram formas, palavras e desejos. Posicionam os homens num mesmo patamar de merecimento e, ao mesmo tempo, introduzem os sonhos na realidade.

Amigos, irmãos, filhos, amor. Ah, o amor. Um tempero que absorve, transmuta a luta em prazer. É imensa a satisfação de constatar que as conexões não poderiam ser tratadas de nenhuma outra forma. E entender que o grande passo é aprender a utilizá-las, com senso e direção pela própria vontade de amar, transgredir o casulo.

Não dê tanta atenção às dificuldades. Pois quando as superar, estará pronto para outras. Muito maiores. Que farão aumentar seu raciocínio, sua capacidade de superação. Sempre em direção ao que realmente quer. Ser. Voar. Ampliar a percepção da beleza, das oportunidades. Buscar o vento e louvar a vida.

Abraçar o ar, perfumar as palavras. Todas as verdades podem ser compreendidas, se dermos a elas tempo e atenção. Abençoando as bocas e iluminando os ouvidos. Até que a música transcenda e nos leve ao sol.

"Enquanto há vida, há esperança."

Cicero

www.ingramcontent.com/pod-product-compliance
Lightning Source LLC
Chambersburg PA
CBHW051954090426
42741CB00008B/1385